弁護士の経験学
事件処理・事務所運営・人生設計の実践知

髙中正彦・山下善久・太田秀哉
山中尚邦・山田正記・市川　充

ぎょうせい

❦ はしがき ❦

　本書は、株式会社ぎょうせいから東弁協叢書として刊行している「弁護士の○○学」シリーズの第3弾である。

　弁護士が大幅に増加し、社会の隅々にまで「法の支配」が確立されつつあるが、その一方で、先輩弁護士による実務のOJTを十分に受けられず、また、日常の業務における難題や自らの将来設計などについて誰に相談したらよいかに悩んでいる新人・若手弁護士もかなりの数に達している。そこで、相応の実務経験を積んだ私ども6名は、それぞれの来し方を振り返り、弁護士業務に潜むヒヤリハットやリスクを含むさまざまな経験を披露し、この経験談をヒントとして新人・若手の弁護士に大きく飛躍していただくことを目的として、「弁護士の経験学」と題する書物を編むこととした。

　執筆者のうち、髙中と山下は弁護士経験38年、太田は35年、山中は31年、山田は30年であり、最も若い市川でも弁護士経験は22年である。全員とも、企業をはじめ市井の事件をかなりの数処理してきた中で、弁護士としての充実感や達成感を感じた経験はもちろんのこと、心胆を冷やしあるいは夢でうなされるような経験もしている。以前は、このような経験談を仲間内の酒席で密かに披露し合い、ときに同席の後輩弁護士にも現場教育として叩き込んだのであるが、いまは、そのような語り部による教育が誰でも受けられるわけでもない。そこで、私どもは、「生きた教材」を新人・若手弁護士に恥を忍んで開示しようと決意し、本書が生まれることとなった次第である。本書が想定する読者層は、OJTの機会の少ない新人・若手弁護士、弁護士志望の司法修習生であるが、もちろん、ベテランの領域に入っている弁護士の方々にとっても、実務を行ううえで有益な示唆やヒントが得られるのではないかと考えている。

　本書は、弁護士が日々直面する場面を「依頼者」「相手方」「裁判」「弁護士報酬」「事務所運営」「人生設計」「転落回避」という7つに区分し、まず仮名による座談会［**Discussion**］を催して、さまざまな経験談、弁護士としての生き方などを赤裸々に語り合い、その後に、座談会において議論されたテーマのいくつ

かについて考究していく際の材料を提供する論考［Article］を各章3本から5本の割合で掲載する構成をとることとした。さらに、気楽に読んでいただけるコラムを［Coffee Break］として随所に挿入することも試みている。本書の叙述は、新人・若手弁護士にとって何がしか得るところがあるように工夫を重ねたつもりであり、私ども著者としては、本書から実務の知識やノウハウだけでなくぜひとも弁護士としての矜恃、生き様も学びとっていただきたいと念願している。

最後に、本書出版について多大のお世話をいただいた株式会社ぎょうせいと東京都弁護士協同組合の皆さんに心からのお礼を申し上げる。

2016（平成28）年11月

髙中　正彦
山下　善久
太田　秀哉
山中　尚邦
山田　正記
市川　　充

❃ 発刊に寄せて ❃

　本書は、株式会社ぎょうせいから東弁協叢書として刊行している「弁護士の○○学」シリーズの第3弾です。

　第1弾の「弁護士の失敗学」は、中堅の弁護士が中心となって、弁護士が陥りやすい失敗を分析し、失敗から成功の鍵を掴むためのノウハウを教示した書物であり、第2弾の「弁護士の周辺学」は、若手の弁護士が中心となって、ミスをしがちな周辺領域の基礎知識をコンパクトに解説した書物でしたが、いずれも東弁協叢書としては前例のない大ヒットとなりました。これは、司法修習期間の短縮、弁護士となってからのOJT不足によって、先輩弁護士からの指導、それも教訓となる失敗談や過誤防止策の伝授を十分に受けられずに悩んでいる新人・若手弁護士がかなりの数存在していることを端的に示したものと思われます。

　本書は、このような悩みを抱えている新人・若手弁護士を主たる読者層として、豊富な実務経験を積んだベテランの弁護士6名が、弁護士業務に潜むさまざまなヒヤリハットやリスクの経験をふんだんに披露し、弁護士として大きく飛躍するためのノウハウや人生訓をも示した類例のない書籍です。

　当協同組合としては、新人・若手弁護士はもとより、相応の経験を積んだ弁護士の方についても、本書から法律実務のみならず弁護士人生に関する有益なヒントを得ていただきたいと念願しております。

　当協同組合は、今後も実務に役立つ良書を刊行し続けて参りますので、倍旧のご支援を賜りますようお願いいたします。

2016（平成28）年11月

　　　　　　　　　　　　　　　東京都弁護士協同組合
　　　　　　　　　　　　　　　　　理事長　根　岸　清　一

❀ 本書のCONCEPT ❀

【構　成】

　本書は、まず、仮名による座談会［**Discussion**］の記事を掲載し、次いで、その座談会の1つのテーマに関する論考［**Article**］を載せる構成とした。

　座談会記事を実名ではなく仮名としたのは、われわれ執筆者各人の多様な経験を気恥ずかしさや戸惑いを感じることなく自由闊達に叙述できるのではないかと考えたことによるが、それは奏功し、相当に充実した内容になったと自負している。記事作成にあたっては、6名の執筆者による丸一日をかけた座談会を実際に開催し、その速記録をもとに、各人の発言を、経験35年、25年、20年という3名の仮想の弁護士に振り分けることとした。したがって、6名の執筆者の発言をある特定の仮名の弁護士に集中させているわけではないことをご了解いただきたい。そして、聞き手として仮想の若手女性弁護士を置き、新人・若手弁護士が抱えるさまざまな疑問や難問について、3名の仮名の弁護士がさまざまな経験を忌憚なく披露してもらう形式を採用した。座談会議事は、全体を通読してもよいし、関心のあるテーマの部分のみを拾い読みしてもよいように工夫してある。

　論考は、各章に3本から5本を掲載することとし、6名それぞれが、自らの体験を踏まえ、新人・若手弁護士に対する先輩からのメッセージのつもりで叙述した。酒席でなければ聞けないような逸話もあるが、OJTの機会の少ない弁護士には新鮮に映るのではないかと考えている。

　［**Coffee Break**］は、気楽に読めるコラムないしエッセイというコンセプトで、6名が1つのテーマを設定して3本の原稿を執筆した。雑学に属する話、蘊蓄に属する話、箴言に属する話などさまざまであるが、楽しんでいただきたい。

【座談会出席者のプロフィール】

　座談会の配役は、次のようなものとしてある。発言者のイメージを掴んでいただければと思う。

1　聞き役

藍田 花子弁護士

　弁護士登録3年目の女性弁護士。弁護士8名のボス弁事務所に勤務弁護士として雇用され、離婚、債権回収、損害賠償などの一般的な事件を処理している。弁護士会の委員会で知り合った同期の弁護士との結婚を間近に控え、どのような弁護士としてやっていくか、独立するか、事務所はどうするかなどを真剣に考え始めている。

2　話し手

①　黒山 太郎弁護士

　弁護士登録35年目になる弁護士。暴力団・右翼などの反社会的勢力以外のほぼすべての一般民事事件を処理したという豊富な経験を有し、世の中の酸いも甘いも知っている。気が短いが、その分情熱的であり、フットワークのよさは依頼者が高く評価している。そろそろ引退を視野に入れ、勤務弁護士1人を雇用して粛々と依頼された事件を処理している。

　恐妻家であり、愛犬が家庭の空気を和らげている。趣味は特になく、休日をどう過ごすかに悩んでいる。

②　白丘 次郎弁護士

　弁護士登録25年目の弁護士。誠実で温厚な人柄であり、弁護士の世界でも評価が高く、裁判所での評判も抜群である。顧客層は、顧問の上場企業のほか、中小企業や個人に幅広く及んでいる。勤務弁護士3名を雇用し、多様な事件を誠実に処理している。近々別の小規模事務所と合併する予定であり、規模拡大を志向している。

　欠点は、家庭を顧みないで平日はもちろん土日も仕事に没頭していることである。顧客や友人の弁護士とのゴルフが唯一の息抜きとなっている。

③　茶村 三郎弁護士

　弁護士経験20年の弁護士。8年の勤務弁護士経験を経て独立し、研修所時代の友人1名と経費共同の事務所を運営している。勉強家として同僚にも評価されているが、交友関係も広く、明るく優しい人柄を売りにして顧客開拓に努めている。これからの有望株として内外から期待されている。現時点では、中小企業と個人の顧客が中心となっている。

　自他ともに認める愛妻家であり、日曜日はスイミングクラブで泳ぎ、そのあとは妻とガーデニングや近所の散歩を楽しんでいる。

※ 凡　例 ※

1　法　令
法令は、平成28年11月1日現在のものとしました。

2　判　例
最高裁判所平成20年5月10日判決は、最判平成20・5・10と略記しました。
その他の略記は、次のとおりです。

　　東京高等裁判所判決　　　→　東京高判
　　東京地方裁判所判決　　　→　東京地判

3　判例集の略記
判例集は、次のとおり略記しました。

　　最高裁判所民事判例集　　→　民集
　　判例時報　　　　　　　　→　判時
　　判例タイムズ　　　　　　→　判タ
　　東京高等裁判所民事判決時報　→　東高民時報

4　その他
次の略記をしました。

　　日本弁護士連合会　　　　→　日弁連
　　弁護士職務基本規程　　　→　職務基本規程

❈ 目　次 ❈

はしがき
発刊に寄せて
本書のCONCEPT
凡　例

第1章　「依頼者」の経験学

Introduction ·· 2
Discussion ● 依頼者をめぐって ··· 3
　① 依頼者とどう接するか·· 3
　　⑴ 受 任 時 ·· 3
　　　　手を焼いた依頼者　3
　　　　気をつけるべき依頼者　4
　　　　飛び込みの依頼者　4
　　　　都合のいい話を続ける依頼者　6
　　　　弁護士の方針に納得しない依頼者　6
　　　　必ず勝つことを質問する依頼者　8
　　　　弁護士の眼力　9
　　　　利益相反のチェック　10
　　⑵ 事件処理過程 ·· 11
　　　　処理経過の報告　11
　　　　依頼者との関係悪化　12
　　⑶ 委任契約の終了 ··· 12
　　　　依頼者との喧嘩　12
　　　　依頼者との紛争の解決方法　13
　　　　解任された経験　14
　　　　狡猾な依頼者　15
　　　　辞任した経験　16
　　　　預かり書類の返還と着手金の清算　16
　　　　後任の弁護士への引継ぎ　17
　② 陰の依頼者とどう付き合うか ··· 18
　　　　裏にいる依頼者との意思疎通　18
　　　　陰の依頼者がいる事件でのヒヤリハット　19
　　　　高齢や病気の依頼者との意思疎通　19

③ 顧問会社をどうつなぐか ・・・・・・・・・・・・・・・・・・・・・・・・・・・・・・・・・・・ 21
顧問料とその仕事内容　21
顧問会社との付き合い　22
相談がない顧問会社　23
顧問関係の解消　24
顧問先の開拓方法　24
年賀状と名刺　25
大企業における顧問制度の衰退　26

Article 1 ● 嘘と秘密 ・・・・・・・・・・・・・・・・・・・・・・・・・・・・ 市川　充 ・・・・・・ 28
Article 2 ● 信頼確保 ・・・・・・・・・・・・・・・・・・・・・・・・・・・・ 山田　正記 ・・・・・・ 32
Article 3 ● 解任と報酬 ・・・・・・・・・・・・・・・・・・・・・・・・・ 市川　充 ・・・・・・ 35
Article 4 ● 依頼者はだれ？ ・・・・・・・・・・・・・・・・・・・・ 市川　充 ・・・・・・ 38
Article 5 ● 先は長い ・・・・・・・・・・・・・・・・・・・・・・・・・・・ 山下　善久 ・・・・・・ 41

第2章　「相手方」の経験学

Introduction ・・・ 46
Discussion ● 相手方をめぐって ・・・・・・・・・・・・・・・・・・・・・・・・・・・・・・・・・・ 47

① 事件の相手方対応のノウハウ ・・・・・・・・・・・・・・・・・・・・・・・・・・・・・・ 47
印象に残った相手方　47
業務妨害の経験談　48
相手方との直接交渉　48

② クレーマーとどう向き合うか ・・・・・・・・・・・・・・・・・・・・・・・・・・・・・・ 49
今までに遭遇したクレーマー　49
暴力団などと対峙した経験　50
精神的問題を抱える相手方　52

③ 相手方弁護士にどう接するか ・・・・・・・・・・・・・・・・・・・・・・・・・・・・・ 52
喧嘩した相手方弁護士　52
一杯食わせた弁護士　53
こうはなるまいと思った弁護士　54
自戒していることは　56
すばらしい弁護士　57

Article 1 ● 怒りの矛先─相手方との軋轢─ ・・・・・・・・・ 太田　秀哉 ・・・・・・ 59
Article 2 ● 熱心弁護 ・・・・・・・・・・・・・・・・・・・・・・・・・・・・ 髙中　正彦 ・・・・・・ 62
Article 3 ● クレーマー対処法 ・・・・・・・・・・・・・・・・・・・ 太田　秀哉 ・・・・・・ 67

Article 4 ●『ブレダの開城』―相手方弁護士との接し方― ‥ 山田　正記 ‥‥‥‥ 70

第3章　「裁判」の経験学

Introduction ‥‥‥‥‥‥‥‥‥‥‥‥‥‥‥‥‥‥‥‥‥‥‥‥‥‥‥ 78
Discussion ● 裁判をめぐって ‥‥‥‥‥‥‥‥‥‥‥‥‥‥‥‥‥‥‥‥ 79
　① 各種書面の作成にあたって ‥‥‥‥‥‥‥‥‥‥‥‥‥‥‥‥‥‥‥ 79
　　訴状の記載範囲　79
　　答弁書の記載範囲　80
　　準備書面作成上の注意点　81
　　問題の書面　82
　　依頼者からの聞き取り　84
　　依頼者の書面内容への関与　85
　② 証拠提出と証人尋問にあたって ‥‥‥‥‥‥‥‥‥‥‥‥‥‥‥‥‥ 86
　　書証提出の注意点　86
　　陳 述 書　87
　　証拠説明書　88
　　尋問リハーサル　89
　　反対尋問　90
　　問題な尋問　91
　③ 和解にあたって ‥‥‥‥‥‥‥‥‥‥‥‥‥‥‥‥‥‥‥‥‥‥‥‥ 92
　　和解条項作成上の注意点　92
　　信用してはいけない弁護士　92
　　裁判所の和解の勧め　94

Article 1 ● 小さな誤記と大きな代償 ‥‥‥‥‥‥‥‥ 山下　善久 ‥‥‥‥ 96
Article 2 ● 尋問リハーサル ‥‥‥‥‥‥‥‥‥‥‥‥ 髙中　正彦 ‥‥‥ 100
Article 3 ● 和解の落とし穴 ‥‥‥‥‥‥‥‥‥‥‥‥ 太田　秀哉 ‥‥‥ 104

第4章　弁護士報酬の経験学

Introduction ‥‥‥‥‥‥‥‥‥‥‥‥‥‥‥‥‥‥‥‥‥‥‥‥‥‥ 110
Discussion ● 弁護士報酬をめぐって ‥‥‥‥‥‥‥‥‥‥‥‥‥‥‥‥ 111
　① 報酬額をどう算定するか ‥‥‥‥‥‥‥‥‥‥‥‥‥‥‥‥‥‥‥ 111
　　それぞれの報酬基準　111
　　報酬請求の失敗談　112

　　　　弁護士報酬慰謝料説　114
　　　　委任契約書　115
　　② 報酬トラブルをどう回避するか･････････････････････････ 116
　　　　弁護士報酬のトラブル　116
　　　　弁護士会の紛議調停制度　116
　　　　弁護士報酬と懲戒　117
　　③ 預かり金をどう管理するか･････････････････････････････ 118
　　　　預かり金の管理　118
　　　　預かり金の清算　119
　　　　預かり書類の管理　119
Article 1 ●失敗と工夫･････････････････････ 市川　充･････ 121
Article 2 ●報酬トラブル防止法･･･････････ 山下　善久･････ 126
Article 3 ●預かり金の適正処理･･･････････ 山中　尚邦･････ 130

第5章　事務所運営の経験学

Introduction ･･ 136
Discussion ●事務所運営をめぐって･･････････････････････ 137
　① 事務所のマネジメント術とは･･････････････････････････ 137
　　　　経営者弁護士の資質　137
　　　　共同事務所の人間関係　138
　　　　事務所の場所と設備　139
　　　　資金繰り　140
　　　　税務処理　142
　② 弁護過誤を避ける事務職員教育とは･･･････････････････ 144
　　　　事務職員の仕事　144
　　　　事務職員教育　145
　　　　事務職員の失敗　146
　　　　隣接士業との関係　148
　③ 共同事務所運営の難しさとは･･････････････････････････ 149
　　　　独立したいきさつ　149
　　　　経費共同事務所の運営　150
　　　　収支共同事務所の運営　151
　　　　共同事務所の分裂　152
　　　　事務所の移籍　153

分裂回避策　154
- Article 1 ● 勘所２項 ················· 山田　正記····· 155
- Article 2 ● 事務職員教育 ············· 山中　尚邦····· 159
- Article 3 ● 思いやりと忍耐 ··········· 髙中　正彦····· 164

第6章　人生設計の経験学

- Introduction ·· 170
- Discussion ● 人生設計をめぐって ······················· 171
  - ① 病気にどう備えるか ······························· 171
    - うつ病にならないために　171
    - 病気への備え　172
  - ② 健康を維持するために ····························· 173
    - 健 康 法　173
    - 健康診断　174
    - 食　事　175
    - 睡　眠　176
    - 休日の過ごし方　177
    - 趣　味　178
  - ③ 幸せな弁護士人生の設計とは ······················· 179
    - 人生設計の問題例　179
    - 自　宅　180
    - 老後の生活資金　182
    - 引　退　182
    - 事務所の閉鎖　183
- Article 1 ● うつ病への備え ············ 山中　尚邦····· 186
- Article 2 ● 私の健康法 ················ 太田　秀哉····· 189
- Article 3 ● 弁護士のリタイア ·········· 山下　善久····· 192
- Article 4 ● 終末はハッピーに ·········· 山田　正記····· 195

第7章　転落回避の経験学

- Introduction ·· 202
- Discussion ● 転落回避をめぐって ······················· 203

1 懲戒を受けないために・・・・・・・・・・・・・・・・・・・・・・・・・・・・・・・・・203
　最近の懲戒処分の傾向　203
　懲戒処分を受けるタイプ　204
　転落の原因　204
　転落していく過程　205
　転落を免れるには　206

2 非弁提携弁護士にならないために・・・・・・・・・・・・・・・・・・・・・・207
　非弁提携弁護士の実像　207
　非弁提携に陥る人たち　209

3 転落から立ち直るために・・・・・・・・・・・・・・・・・・・・・・・・・・・・・210
　立ち直りの難しさ　210
　転落弁護士の末路　212
　転落弁護士の再起　212

Article 1 ●誰もがリスクを負っている・・・・・・・・・・・市川　　充・・・・213
Article 2 ●非弁提携に墜ちる人・・・・・・・・・・・・・・・・・山中　尚邦・・・・218
Article 3 ●蟻　地　獄・・・・・・・・・・・・・・・・・・・・・・・・・・髙中　正彦・・・・223

執筆者紹介

Coffee Break

弁護士の備え①　インターネット・・・・・・・・7	事務職員の教育①　出納帳・・・・・・・・143
弁護士の備え②　事務所のセキュリティ・・20	事務職員の教育②　付箋紙・・・・・・・・147
弁護士の備え③　弁護士と保険・・・・・・・・・44	事務職員の教育③　梨と飴・・・・・・・・168
弁護士の情報管理①　便利さの代償・・・・・51	変貌する弁護士①　AIの衝撃・・・・・・・181
弁護士の情報管理②　溢れ出る名刺・・・・・55	変貌する弁護士②　共働き弁護士考・・・185
弁護士の情報管理③　記録との闘い・・・・・74	変貌する弁護士③　インハウス・・・・・・200
弁護士界のルール①　オートロック・・・・・83	昔の弁護士①　正　写・・・・・・・・・・・・207
弁護士界のルール②　弁護士時間・・・・・・95	昔の弁護士②　自宅併設事務所・・・・・・211
弁護士界のルール③　整理と整頓・・・・・107	昔の弁護士③　法服と弁護士バッジ・・・221

第1章
「依頼者」の経験学

第1章──「依頼者」の経験学

Introduction

　弁護士の仕事は、まず依頼者からの事件依頼から始まる。その依頼者は、個人、会社、官公署など実に広汎にわたるが、弁護士は、この依頼者から支払を受ける弁護士報酬をもって事務所を運営し、また、家庭生活を維持することから、依頼者の獲得、依頼事件の処理を通じた信頼関係の維持に日々腐心することになる。ところが、依頼者の中には、自分の考えのみを強硬に主張して弁護士の意見に耳を傾けない人、弁護士を利用して不正な利益を得ようと画策する人などがときにいることも事実である。ほとんどの依頼者は、弁護士との意思疎通に問題がなく、信頼関係を構築することができるのであるが、ごく一部の人に弁護士は神経をすり減らし、消耗するのである。さらに、真の依頼者が表舞台に現れず、どうやって意思確認をすればよいかに悩むことがある。これは、めったにない特異な事象と思われがちだが、決してそうでもない。また、日本企業のあり方が変貌するにつれ、法律顧問制度は大きな曲がり角に来ているといわれる。大企業では顧問弁護士を置かない傾向が強まり、逆風にあえぐ零細企業では顧問弁護士を置く余裕もなくなっている。顧問先の獲得とそのつなぎ止めも、弁護士にとって悩ましい課題となっている。

　このような状況を踏まえて、本章では、Discussion（座談会）においては、依頼者とどう接するか、いわゆる陰の依頼者とどう付き合うか、顧問会社をどうつなぐかをテーマとして意見を交換し、また、「嘘と秘密」「信頼確保」「解任と報酬」「依頼者はだれ？」「先は長い」という5本のArticle（論考）を掲載した。

　執筆者6名の個性がかなり出た座談会になり、論考も新人・若手弁護士には新鮮な内容になったと思う。参考にしていただきたい。

（髙中　正彦）

●Discussion●
依頼者をめぐって

1 依頼者とどう接するか

(1) 受任時
◆ 手を焼いた依頼者

藍田 先輩の話を聞きますと、弁護士は必ずといってよいほど、対応にひどく手を焼いた依頼者に遭遇したことがあるようです。幸いなことに、私は、まだ夜寝られなくなるような依頼者に遭遇していませんが、先生方は、いままでに、どのような手を焼いた依頼者にぶつかった経験がありますか？

黒山 私は、さまざまな事件を扱ってきましたが、強烈な人たちがいたのは、遺産分割事件でしたね。血を分けた兄弟姉妹なのに、どうしてそこまでいがみ合うのかと思いますが、血がつながっているからこそ、遠慮がないのでしょう。毎回の打合せと調停は、相手方の容赦ない罵倒から始まります。聞いていて、ほとんど耐えられませんね。親身になって対応していると、胃がキリキリしてきます。

茶村 手を焼く人というのは、弁護士会の法律相談であたることがあります。なかには「母親を憲法違反で訴えたい」という相談者がいました。また、自分は絶対に正しいといい張る相談者も多いですね。話を聞いて、「あなたにも問題があるのではないか」などといおうものなら、ものすごい勢いでかみついてきます。

白丘 しかし、企業を除けば、個人の依頼者の多くは、法的な問題を抱えて精神状態も平穏でないわけですから、弁護士はそのことを理解する必要はありますね。世の中が冷静な判断力と思考力をもっている人ばかりだとしたら、弁護士はいらないでしょう。私は、強烈な依頼者には、ひたすら耐え、その後のストレス発散に時間をとるようにしています。

藍田 ストレス発散は、どうしているのですか？

白丘　私は、無趣味ですから、酒を飲んで、よく寝ることくらいですね。

茶村　私は、酒を飲むこともありますが、それだけでは発散できないので、休日に水泳をしたり、散歩をして気分転換をしています。

黒山　私も、酒を飲むしかないのですが、問題は"誰と飲むか"です。弁護士は、守秘義務がありますから、むやみに依頼者の悪口はいえません。「壁に耳あり、障子に目あり」ですから、気をつけなければいけない。妻に愚痴をいう人がいますが、その妻が井戸端会議でしゃべってしまう危険性を考えておかなければなりません。本当に信頼できる友人の弁護士が一番でしょう。友達のいない弁護士は、さぞかし大変だろうと思いますね。

◆　気をつけるべき依頼者

藍田　受任しない方がよいと考えている依頼者とは、どのようなタイプなのでしょうか？

白丘　嘘をいう人ですね。持参した証拠や相手方から提出された証拠を見ても、到底主張していることが真実とは思えないにもかかわらず、それに符合しないことをいい続ける人です。こういう人は、「弁護士を雇う」という言葉が好きで、弁護士なんてのは自分の言いなりに動く存在であり、黒を白にいいくるめる用心棒に過ぎないと考えていますね。

茶村　自分が絶対に正しく、相手方は絶対に悪だと信じている人です。「私が負けるはずがない」といい張り、少しでも弁護士が不利なことをいおうものなら、揚げ足をとって"無能弁護士"と罵るタイプです。こういう人に自分が絶対に正しいという思考をする唯我独尊の弁護士がつくと、どうしようもなくなります。

黒山　ずるい人です。依頼するときには、調子のよいことをいってスリスリしてくるのに、事件が自分に有利に展開してくると見るや、難癖を付けて報酬の踏み倒しを画策してくる人です。

◆　飛び込みの依頼者

藍田　私の周りを見ると、ホームページはもちろんのこと、新聞の折り込みチラシの広告を出している弁護士もいます。先生方は、広告をしていますか？

茶村　私は、ホームページを作成している程度です。もっとも、私の場合は、

宣伝のためというよりは、依頼者から「ホームページもないのか」と思われないためです。あとは、初めて事務所に来る人のために事務所の地図をホームページに載せるという意味もありますけれども。

黒山 私は、広告をしたことは全くありません。そもそも、飛び込み客は受けないと決めているからです。私が聞いた話ですが、インターネット広告で事件を募っている事務所では、どうしても難しい依頼者が紛れ込むようですね。私は、そういう人をうまく扱う能力も気力もないのです。

白丘 私は、名簿業者が作成する出身高校の卒業生名簿に名刺広告を載せたことがあるくらいです。お付き合いと考えたのですが、何の効果もなかったように思います。広告のやり方も工夫が必要なのだと思います。

茶村 インターネット広告では、事件の奪い合いの状態になっているとのことであり、弁護士検索サイトにサクラが賞賛の書き込みをしたりしているという話を聞いたことがあります。本当だとすれば、飲食店の口コミサイトと同じようなことが起きているのですね。インターネット広告で弁護士を探す人の中には、恥ずかしくて親戚はもちろん友人・知人にも事件のことを話せない人がいるようです。こういう人が、借金整理などでインターネットで検索をしていると思いますね。

藍田 飛び込み客についてヒヤリハットの経験はありますか？

黒山 私は、基本的には紹介者がいない事件は引き受けないことにしていますが、それは、自分を守るためだけでなく、依頼者にとっても、私にいえないことを紹介者を通じていえるというメリットがあるからです。知人の弁護士から聞いたところでは、広告で顧客開拓をしている弁護士の事務所では、依頼者との軋轢や喧嘩がしばしば起きているようです。そういう弁護士は、依頼者をなだめる能力に優れ、また、危険を察知するといち早く辞任してしまう特技があるのだそうです。私には到底できることではありませんね。

白丘 広告は、司法アクセスの拡充という点からは大きな役割を果たしており、積極的に評価すべきだと思います。私の知り合いの弁護士の中には、インターネットを中心にさまざまな広告を出して顧客を獲得し、業容を拡大している人もいますよ。

第1章——「依頼者」の経験学

茶村 国選弁護がどちらかといえば飛び込みに近いものです。被告人から感謝されることもありましたが、喧嘩の傷害事件で、絶対に無罪だといい張る被告人の弁護をしたことがあります。私は、無罪主張をし、喧嘩の相手方に対する証人尋問をしたのですが、結果は有罪でした。被告人は、有罪判決を聞くや、私をキッと睨みつけ、無能な弁護士とばかりに「控訴だ」と大声を出されました。私としては被告人の意に沿うように一所懸命やったのですが、なかなか理解してもらえず残念でした。

◆ **都合のいい話を続ける依頼者**

藍田 自分に都合のいいことばかりをいい続ける依頼者には、どのように対応していますか？

白丘 ひたすら話が終わるのを待ちます。こういう人は、同じことを何回も繰り返す傾向があり、弁護士が聞いてあげれば満足することもよくあります。そういう意味で、忍耐力は、弁護士に要求される重要な資質の1つでしょう。ただ、自分に都合がいいことばかりを述べる人の中には、いうとおりに仕事をしてくれないと逆恨みをすることもありますから、辞任も視野に入れておかなければならないことが多いでしょう。

茶村 家事事件では、弁護士に対して自分に都合がよいことを主張し続ける人が多いですね。第三者が相手の事件では、遠慮があるのが普通ですが、離婚や遺産分割では配偶者や兄弟姉妹が相手方ですから、遠慮する素地がありません。こういう事件では、ただただ我慢するしかないでしょう。

黒山 私もずいぶん我慢をしてきましたが、最近は、我慢の限界を超えたときは、「あなたはそういいますが、そうではないでしょう」などと注意します。それでも自説に固執するのであれば、「私の能力ではあなたの言い分を実現することはできません。別の弁護士をお探しになられることをお勧めします」と少し突き放したいい方をすることもあります。

◆ **弁護士の方針に納得しない依頼者**

藍田 弁護士の立てた処理方針に納得しない依頼者には、どのように対応していますか？

白丘 私は、どうしても納得しないのであれば、辞任しますね。弁護士がベス

トであると考えて立案した方針に従わないというのであれば、充実した弁護活動はできません。

茶村　私は、辞任する前に、できる限り接点を探すように努めます。辞めることはいつでもできると考え、結構ヘロヘロになるまで説得しますね。途中で「何でこんなことまでやらなければいけないのか」と情けなくなることもありますが、何でもかんでも辞任していては収入の道が途絶えてしまうと達観するようにしています。

Coffee Break ― 弁護士の備え①

インターネット

　インターネットの登場によって、弁護士の業界にもさまざまな影響があったが、そのうちの1つとして、一般の人たちが単純な法的知識についてはインターネットによって知ることができるようになったことがある。

　現在では、多くの法律事務所がホームページにおいて簡単な法的知識の解説を掲載したり、インターネットにおいて簡単な法律相談を行ったりしている。このようなことの影響からか、依頼者は法律相談に来る際にも一定程度の法律知識を有していることが多い。このため、あまり詳しくない分野について、あやふやな対応をするとすぐにその分野についての経験のなさが露呈され依頼者の信頼をなくしてしまうこととなる。

　かつてであれば、あやふやな対応でも、弁護士という資格に守られ通用していたことも、現在では通用しないことを踏まえて対応することが求められる。

　もちろん、インターネットの情報には誤ったものも多くあるので、依頼者がそのような誤った情報を出した場合に、的確な指摘ができるためにも、日頃の研鑽が必要であり、不確かな知識で対応しないようにすることが必要である。

（太田　秀哉）

黒山 あくまでも自分の処理方針がベストであることを別の方針と対比させて依頼者を説得しますが、どうしても納得しなければ、依頼者の自由にさせますね。若い頃は、それこそ胃がキリキリするまで説得しましたが、30年以上も弁護士を続けていると、自分の健康まで犠牲にして説得する気力がなくなりました。ある遺産分割がらみの民事訴訟で、相続人の裏にいる人が相続人を操っており、相手方の弁護士は相続人本人の真意を無視した弁護活動をしていると主張してほしいといい張り、私が「弁護士は本人と何回も会って事情を聞いているといっていますよ」と諭しても全く聞かないのです。そこで、その本人に対し、自分の思うところを本人名の準備書面にまとめて出させました。相手方弁護士は、弁護士名ではない本人名の文書に一瞬不快な顔をしましたが、本人は、「いいたいことを書いてすっきりしました」といっていました。私は、裁判官がどんな反応をするかを見守っていましたが、一定の理解をされたのでしょうか、陳述扱いをしてくれたので、ほっとしましたね。

◆ **必ず勝つことを質問する依頼者**

藍田 「必ず勝つでしょうね」と念を押す依頼者には、どのように対応していますか？

茶村 「あなたのいっているとおりだとすると、過去の裁判例に照らしても、勝つのではないかと思います」といいますね。しかし、「必ず勝ちますよ」というような断定的なことはいいません。断定的なことをいって、あとで予想外の敗訴判決を受け、解任の憂き目に遭った弁護士はたくさんいると思います。ただ、場合によっては、「あなたのいうとおりに裁判官が事実を認定すれば、7割は勝つのではないでしょうか」というように割合を示すこともあります。依頼者は、この表現で結構安心するのですね。

白丘 依頼者は、訴訟に勝つことを大変に気にしています。それは、当然のことだと思います。しかし、弁護士は、それに迎合してはいけません。重篤な患者の難しい手術の際、「必ず成功しますよね」という患者の親族の問いに対し、医師は「ベストを尽くします」としか答えませんが、これと同じです。行き過ぎた回答をしますと、職務基本規程29条2項に規定して

いる有利な結果の請け合い、保証に該当しかねません。

黒山　「必ず勝つでしょうね」と念押しする依頼者の態度をじっくりと見ますね。真剣に悩み、敗訴すれば生活も一変するような場合は、こちらも真剣に対応します。これに対し、感情的な理由から勝敗に拘泥しているとわかれば、迎合することは厳に慎むようにします。こういう人は、敗訴するやいなや、こちらに牙をむいてきますから、要注意です。

◆　弁護士の眼力

藍田　手を焼きそうな依頼者かどうかを受任の際に見抜くために、どのようなことに努めていますか？

黒山　依頼者がどのような人かは雰囲気でわかるものです。初めて面会したときから嗅覚が働きます。もちろん、紹介者からは、どのような人なのかの情報をとるようにしています。ただ、そうはいっても、なかなか見抜けないのも事実です。特に、学校の同級生の紹介、司法研修所同期の弁護士の紹介では、警戒心が弱まっているうえに、どのような人かを聞くこと自体がはばかられることもあるため、結構手の焼ける依頼者を受けてしまいますね。私は、高校の同級生の紹介事件や研修所同期の弁護士の紹介事件では、とんでもない苦労をした経験があります。

茶村　私は、初対面のときの態度に注目しています。時間にルーズな人、依頼した書類を持ってこない人、話し方がぞんざいな人、自慢話を滔々と始める人などについては、よくよく注意して対応します。

白丘　私は、前に弁護士を依頼したことがある人であれば、その弁護士の名前を聞くようにしています。その弁護士が知っている人で、周囲の評判もよい人であれば、受任に向かいます。これに対し、知らない人のときは、私の知人・友人の弁護士に確認をして情報をとるようにしています。これで、かなり問題のある人はふるいにかけられます。

　なお、私の知っている弁護士に、弁護士からの紹介事件は受けないと決めている人がいます。いわゆる「おいしい」事件は、どんなに遠方でも、どんなに難しくとも自分が受任するはずであり、ほかの弁護士に事件を紹介してくるのは、やる気が起きない事件、どこかに問題がある事件だから

ではないのかという理由です。一理あるように思いますね。

藍田 現実には何といって断ったのでしょうか？

茶村 「いま忙しくて、あなたの事件を受けても全力投球することができません」といって断りました。ただ、これをいうと「暇な弁護士に頼む気はありません。お忙しいのはわかりますが、そこを何とかやり繰りしていただきたい」と迫ってくる人もいました。事件依頼を断るのは、なかなか難しいのですよ。

白丘 私は、「弁護士の仕事は依頼する人と信頼関係が築けないととてもできないのですが、あなたとそのような信頼関係が築けるとは思えません」ということにしています。しかし、なかには、「大丈夫です。先生と信頼関係を築けるように努力します」という人もいるでしょうね。まだそのような人と会ったことはありませんが……。

黒山 私の知っている弁護士の話ですが、とても支払えないような金額の着手金を申し渡して事実上委任させないようにする人がいました。でも、その人がその金額を支払うといったときはどうするのでしょうね。人によって使い分ける必要がありそうですね。

◆ **利益相反のチェック**

藍田 皆さんは共同事務所を運営していますが、依頼者についての利益相反のチェックはどのようにしていますか？

白丘 所内メールで新規の依頼者の氏名、依頼された事件の種類、よくある名前のときには依頼事件の概要を明らかにして、利益相反の人がいないかを探します。ただ、私の場合は、紹介者がいるケースがほとんどなので、その段階でふるいにかけることができます。一番悩ましいのは、勤務弁護士が法律相談に行って相談を受けた人です。自治体の法律相談では、相談者の氏名を明かさない場合があるので、勤務弁護士には、新件が来たときに、どこかの法律相談で相手方に遭遇したことがないかを確認させています。

茶村 私の事務所は同期の弁護士と2人なので、相互に新件の当事者名と事件の概要を開示し合うことにしています。

黒山 私は、勤務弁護士1人の事務所ですから、勤務弁護士が個人事件として

受任した事件でも報告させています。勤務弁護士は、私が個人事件を受任するのを嫌がっているのではないかと勘繰りますが、私たちが懲戒に遭わないための自衛策だと説明しています。

(2) 事件処理過程
◆ 処理経過の報告
藍田 事件処理経過の報告は、どのような点に注意していますか？
黒山 私は、必ず文書で報告しています。その際、こちらから提出した書面と相手方から提出された書類のコピーも付けておきます。しかし、報告書の書き方は、難しいですね。法廷での様子をありのままに再現した報告書では、冗長になりますし、難しい法律用語をそのまま使ったのでは依頼者にはわかってもらえないことも多いですね。また、弁護士がそろそろ和解するタイミングと考えているとき、裁判所でのやりとりをそのまま書くだけでは、そのニュアンスを伝えるのが難しいことがあります。このような場合の報告書を書くのは神経を遣います。ここが報告書の難しさだと思っています。
白丘 私も、簡にして要を得た報告書作りに努めています。ただ、ある弁護士から引き継いだ事件だったのですが、報告書が実に詳細なのですね。そのため、訴訟の経過についての質問は全くする必要がありませんでした。詳細な報告書にも、1つの効用があるということを知りました。
茶村 私は、あらかじめ了解をとったときには、メールで報告しています。提出書類も添付ファイルで送ります。ただ、ほかでも話が出ましたが、誤送信にはくれぐれも注意します。ちなみに、依頼者は、報告書を実に丹念に読んでいますね。ある依頼者と打合せをしたとき、私のメールを全部プリントアウトしてクリアファイルに入れてあり、重要部分にはマーカーを引いてありました。これを見て、報告書に手抜きは禁物だと思いましたね。
藍田 依頼者と直に会った方がよいと考えるのは、どのような場合ですか？
茶村 依頼者が事件の進行についての不満や、事件処理についての物足りなさを感じているのではないかと直感したときです。そういうときは、できる限

り早く依頼者と直接面会します。また、報告書では微妙なニュアンスを伝えられないと思ったときも、本人に事務所に来てもらうようにしています。

白丘 本人尋問の準備、和解の検討では当然依頼者本人と会いますが、そのほかでは、いままで聞いたことのない新事実が相手方から出てきたときですね。これを電話やメールで済ませると、依頼者の顔色の変化を見ることができません。

黒山 訴訟の基本方針を変えるときは、必ず本人に会って説明します。依頼者と直接会うことを面倒がってはいけませんね。依頼者が事務所に来ることに何らかの障害があるのであれば、こちらから出向くべきです。

◆ 依頼者との関係悪化

藍田 そりが合わない、ぎくしゃくし始めたことをどのようにしてキャッチしていますか？　また、どのように対応していますか？

白丘「先生は前にこういいましたよ」という言葉が出てきたときは、ぎくしゃくし始めたなと思います。ただ、そういうときに、私は、「確かにそういいましたが、いまでは、考え方が変わりました」といって、無理にもとの状況に戻そうとはしないようにしています。いままでどおりの対応を続けます。

茶村 私から、会って協議したいと申し出ても、何のレスポンスもないときは、ぎくしゃくし始めたなと思います。そういうとき、私は、依頼者と徹底的に話し合うようにしています。大変な時間とエネルギーが必要ですが、それが弁護士の仕事だと割り切るようにしています。

黒山 依頼者とそりが合わない、ぎくしゃくし始めたというのは、雰囲気あるいは気配でわかるものです。私は、昔は、相当のエネルギーを使って、関係修復を試みたのですが、いまは、自然の摂理に任せることにしています。

(3)　委任契約の終了

◆ 依頼者との喧嘩

藍田 依頼者と喧嘩になった経験がありますか。あったとしたら、どのようなことが原因となったのでしょうか？

茶村 依頼者が私に嘘をいっていたことがわかったときです。私が、「関係の

証拠を隠しているだろう」と迫ると、また嘘をついて「そんなものはない」といい張ります。ここでは私も妥協しませんので、依頼者と真剣勝負をすることになりますね。

白丘 賃料不払を理由とする建物明渡請求事件で、私が止めたにもかかわらず、相手方の留守中に依頼者が鍵を勝手に取り替えてしまったことがありました。私は弁護士名で解除通知を出していたので、相手方の弁護士からは、私の指示で自力執行をやったと疑われました。私は依頼者を呼んで厳しく叱りましたが、結局、その依頼者との信頼関係を維持することはできませんでした。

黒山 依頼者が別の弁護士の名前を出して、「○○先生はこういっていました」といわれたときは、「だったら私のところに来なくてもいいじゃないか」と回答してしまいましたね。最近はセカンド・オピニオンをとる人もいるので、弁護士の側も当然のこととして対応すべきだったと、あとになって反省しました。でも、セカンド・オピニオンでは、私の処理方法を暗に稚拙であるといっているものもあり、冷静さを維持するのはなかなか大変です。

◆ **依頼者との紛争の解決方法**

藍田 依頼者との紛議について、どのように対応しましたか？

黒山 私は、弁護士会の紛議調停制度を利用したことはありません。仲間の弁護士に自分の紛議を知られたくないという意識が先行するためですが、いまは、その考えは改めなければいけないと思っています。これまでは、依頼者と喧嘩になったときは、紹介者に間に入ってもらい、解決したことがある程度です。

茶村 弁護士会の紛議調停は、もっと活用されてよいと思います。ただ、弁護士は、一般に自分の紛争については弱いですね。「紺屋の白袴」といいますが、自分のことになると、早く終わりにしたいとの意識が強く働き、結構不利な条件でも調停を成立させてしまうことがあると聞いたことがあります。紛議調停委員会は、正義にかなった解決を使命とするわけですから、調停当事者が了解しているからといって、正義に反する調停を成立させてよいとは思われませんね。

白丘 いったん壊れた信頼関係を修復するのはとても難しいと思います。どうしてもしこりが残り、それがあとになって爆発することもあります。私の場合は、無理に修復せずに、着手金を清算して辞任することが結構多いように思います。

◆ 解任された経験

藍田 依頼者から解任された経験はありますか？　どのような経緯でそうなったのでしょうか？

茶村 あります。離婚事件でしたが、自分が主張したいことを十分に相手方に伝えてくれないなどと不満をいっていましたが、ある日、「先生にはお世話になりました。別の先生をお願いすることとなりました」とのメールが入って終わりとなりました。

白丘 解任されたことはありません。私は解任される前に自分から辞めてしまうからでしょう。

黒山 数回ありますね。そのうちの1つは、遺産分割事件なのですが、第1回調停に依頼者の長女と一緒に出頭したら、母親がいて、「おまえが弁護士なんか雇うから話が混乱する。弁護士を辞めさせたら、話し合いに応ずる」というのです。その後、私を解任するという長女の手紙が届きました。母親とそのグループに丸め込まれたと思いましたが、その後どうなったかはもちろん知りません。もう1つは、ある会社の再建を事業譲渡と特別清算をミックスした手続で進めていたのですが、狡猾な債権者がいて「私の債権だけ何とかしてほしい」といってきたのです。私が相手にしなかったところ、依頼会社の社長にうまく取り入り、私を解任してきました。

藍田 解任に対してどのように対応しましたか？

茶村 「去る者は追わず」ですね。預かり書類を返還し、預かり金の清算をしますが、着手金については、それまでに処理した仕事の質と量に見合った分を控除し、残りを返還するようにしています。ただし、感情的になった依頼者の場合は、着手金の清算もうまくできません。紹介者に間に入ってもらって解決します。

白丘 依頼者が正当な理由なく解任したときは事件の処理が成功したものとみ

なして成功報酬を請求できるとする「みなし成功報酬」というのがあります。これを請求するためには、委任契約書にその旨の条項が必要とされるのですが、みなし成功報酬に関する裁判例が実に多いですね。やはり、委任契約関係が切れてしまった当事者間には信頼関係がなくなっているために、裁判所に持ち込まれる確率が増えるのでしょう。

黒山 解任に対しては、淡々と対応します。着手金の清算については、依頼者の主張と私の考えが合致しないときは、依頼者の方についつい合わせてしまいます。ただ、私の功績や苦労について全く評価しない発言がなされると、本当に頭に血が上ります。しかし、そのような依頼者の事件を受任したのが間違いだったのだと思い直し、「去る者は追わず」に徹することにしています。このような姿勢は、決してよいとは思いませんが、自分の身を守ることが先行してしまい、そのような態度になります。

◆ **狡猾な依頼者**

藍田 事件が自分に有利に解決しかかると、難癖をつけて解任してくる狡猾な依頼者がいると聞いたことがありますが、経験はありますか？ また、それに対してはどう対処されましたか？

黒山 私は、訴訟が自分の不利に進んでいることを知った依頼者から解任されたことがありますね。私も、受任時点でかなり不利であることを十分に説明し、着手金もかなりの低額とし、分割支払としていたのですが、やはり敗訴が確実になると、追加の着手金の支払をしたくないと考えたのでしょう。突然解任の通知書が届きました。結局、未払いの着手金は回収できませんでした。

白丘 私は、そのような経験はありませんが、聞いた話としては、安い顧問料で顧問契約を結んだところ、一時に大量の法律相談や契約書のチェックを依頼され、これでは割に合わないと感じて顧問料の改定を申し出ようとしたら、その会社が抱えている問題が一段落したのか、突然顧問契約を解約するとの通告をされた弁護士がいます。結果的には、まんまと利用されてしまいましたね。

茶村 責任を弁護士に押し付けてくる依頼者がいます。「弁護士のいうとおり

にしたらこんな結果になった」と会社の担当者が責任逃れのために弁護士を利用することがありますね。自分としてはリスクの説明もしたのに結果だけを見て評価してくるケースです。

◆ **辞任した経験**

藍田 逆に弁護士の方から辞任した経験はありますか？ それは、どのような依頼者で、何が原因だったのですか？

白丘 ある事件の依頼を受けた際、着手金を一時に支払えないので分割にしてほしいといわれ、分割払いを了解したのですが、その分割金の支払が滞ったのです。ところが、その人は、別の事件を私に依頼したいといい、滞納している着手金のことには全く触れずに、新件の着手金も分割払いにしてほしいといい出しましたので、その新件は引き受けず、前の事件も辞任しました。依頼者とお金のことでもめたくなかったのです。結局、着手金は取りはぐれました。

茶村 多額の負債を抱え相談に来たある会社の社長がいたのですが、相談で自己破産の申立てをすることになり、受任通知を出したあとに連絡がとれなくなってしまったということがありました。受任通知後に事務所には債権者から電話がたくさんかかってきたのですが、本人と連絡がとれないので辞任するほかありませんでした。まるで弁慶の仁王立ちの状態でしたね。

黒山 私の場合は、中学校の同級生から依頼された遺産分割事件でした。中学校時代は目立たない人でしたが、強烈な夫がついてきて、あまりに不合理なことをいい続けるのです。そんなことをいっても解決にはならないと説得するのですが、その応援団の夫は、私にかみついてくるのです。埒があかなくなり、辞任を申し出ました。

◆ **預かり書類の返還と着手金の清算**

藍田 辞任するに際し、預かり書類の返還、着手金の清算などは、どのように行ったのですか？

白丘 書類を預かったときは必ず明細を付けた預かり証を発行します。これで何を預かったのかが明らかになります。書類を依頼者に渡すときは、書類の引渡しと引換えに交付した預かり証を返してもらうか、明細のついた受

領証に捺印して交付してもらいます。着手金の清算については、事件の進行度を勘案して返還額を決めます。

茶村 書類の原本は基本的に預からず、預かる場合でも、書証の取調べが終わればすぐに返してしまいます。着手金もきちんと清算します。

黒山 私の経験した案件では、書類の原本を返せといい張りましたので、念のためにコピーを取ってから渡しましたね。幸い、着手金はほんの少しの金額しか支払ってもらっていませんでしたから、清算の問題はありませんでした。もしかなりの金額の着手金を受け取っていたら、その清算は紛糾したかもしれません。着手金を五月雨式にもらう方法が幸いしました。将来紛議になりそうだと直感した依頼者については、五月雨式に着手金を受け取るのも1つの方法だと思います。

◆ 後任の弁護士への引継ぎ

藍田 後任の弁護士から連絡があったときに、必要な引継ぎはどのように行いますか？

黒山 後任の弁護士から直接に連絡が来た経験はないですね。書類の返還や着手金の清算は、すべてもとの依頼者本人とやりました。やはり、前任の弁護士に直接連絡することははばかられるのでしょう。また、不明な点があったときに、前の弁護士に確認することはしませんね。あくまでも依頼者や相手方の弁護士に尋ねて解決します。

白丘 書類を新たな弁護士に渡すときには、依頼者の委任状の提示を求めるようにしています。特に、私が解任されたときは、すべてについて慎重を期すようにします。受取証なしに書類を渡すことは絶対にしません。また、後任の弁護士から引継ぎを依頼されたときには、意地悪をしていると受け取られないように気を遣いますが、余計なことをいうことも絶対にしないように注意しています。「去る者は追わず」「立つ鳥跡を濁さず」を肝に銘じています。

茶村 私は、辞任ないし解任されたあとに選任された弁護士に対しては、依頼者の悪口は絶対にいわないようにしています。後任の弁護士の中には、どうして解任されたのか、どうして辞任したのかを聞いてくる人もいますが、

答えをはぐらかせます。あとでどう本人に伝わるかわからないからです。事件を受任するときの何倍も気を遣うのは、本当にやるせないですね。

2 陰の依頼者とどう付き合うか

◆ 裏にいる依頼者との意思疎通

藍田 表面上の依頼者の裏に決定権をもった人がいることがあるといわれますが、そのような経験はありますか？

黒山 遺言書の作成を依頼されたとき、よく奥さんが一緒に来ますね。夫の遺言書といっても、妻がどれだけの遺産を取得するのかが要点ですから、妻の関心が高いのは当然ですね。遺言者の夫の後ろで妻が内容を指示していることもあります。そもそも遺言書は、遺留分を侵害するために書くという人もいるくらいですから、このような妻の姿勢も詮なきことかなと思います。

白丘 私が聞いた話ですが、ある高利貸しが弁護士に売掛債権が焦げついて困っている人を紹介し、債権回収事件を依頼したのですが、実は、その焦げつき債権をもっていた人は、高利貸しから多額の借り入れをしていたことが判明したということです。つまり、弁護士が高利貸しの貸付金回収の片棒を担がされたわけで、その弁護士は、すんでのところで辞任したということです。

黒山 遺産分割事件でも、裏に実質的な依頼者がいることがありますね。よく見かけるのが、女性の夫で、これが遺産分割協議の席にも堂々と乗り込んできます。私は、これを「応援団」と呼んでいますが、さすが応援団だけに声が大きいのですね（笑）。

藍田 陰の依頼者とはどのように意思疎通をするのでしょうか？

茶村 原則をいえば、陰の依頼者と意思疎通をしてはいけないでしょうね。委任契約は、あくまでも依頼をした人との間で成立し、その委任者に対して善管注意義務を負担するのですから、陰の依頼者と意思疎通はできないはずです。しかし、陰の依頼者は、委任契約の当事者と緊密な関係に立つ親族の場合が多いわけで、委任契約者本人が「詳細は、この人と打ち合わせてほしい」などといわれれば、それに従わざるを得ないと思います。でも、

そこに結構落とし穴があるのですね。

黒山　当事者が複数で、その代表者がいる事件については、代表者とのみ打合せをしてしまいますね。たとえば、遺産分割事件で、複数の相続人から依頼を受けた場合に、その人たちが代表者を選び、代表者と今後の進行協議を進めてほしいといわれたならば、従わざるを得ないと思います。しかし、問題は、代表者との協議をどのように裏にいる人たちに伝えるかにあると思います。私は、事件処理の報告書を代表者以外の相続人全員に送付するようにして意思疎通を図っています。

白丘　陰の依頼者、表の依頼者のいずれにも、気配りをしておくことが大切なのではないでしょうか。その配慮を怠ると、問題が噴出すると思いますね。

◆ 陰の依頼者がいる事件でのヒヤリハット

藍田　実質的な依頼者以外の人と意思疎通をしていたことでヒヤリハットの経験はありますか？

白丘　陰の依頼者だけに報告をして事件を進めて交渉がほぼまとまりかけたところに、表の依頼者から連絡があり、「自分は了解したことがない」といわれ、大変に困ったことがあります。

黒山　私はヒヤリハットの経験はありませんが、ある弁護士は、紹介者の人に毎回の報告書を送付していたが、それが事件本人に伝わっておらず、和解をするときにずいぶん苦労したことがあるといっていました。これは、結構ありがちなことなので、注意が必要ですね。

茶村　紹介者が本来の依頼者から紹介の対価をもらっていたことが途中でわかったという事案がありました。このままでは自分は非弁提携になるかもしれないと思い、辞任しました。

◆ 高齢や病気の依頼者との意思疎通

藍田　高齢や病気の依頼者の場合、窓口となる人と打合せをし、その結果を伝えるように依頼してしまうことがあるようですが、これが問題となったことはありますか？

黒山　問題となったことはありませんが、高齢の人や病気の人との意思疎通は、難しいですね。事務所に連れて来てほしいとはいえませんので、私の方か

Coffee Break ―弁護士の備え②

事務所のセキュリティ

　弁護士や法律事務所の事務職員が妨害者により事務所内で襲撃される事件が発生している。かつては、ただでさえ弁護士の敷居は高いとされているのに、事務所に施錠して容易に入ることができないなどということがあってはならない、敷居を低くし誰でも気軽に入ってくることができるようにすべきだという意識をもつ弁護士が多かった。したがって、事務所が施錠されているということは珍しかった。

　しかし、来訪者に直接対応する事務職員は、以前から不安を抱いていたようである。クレーマーのような関係者が来訪した場合、弁護士に伝えたところ、弁護士は面会しない、あるいは居留守を使って面談しないといわれ、そのことを伝えて断っても退去しなかったり、暴れたりした場合に直接対処しなければならないのは事務職員だったからである。

　現在は、ビルそのものがセキュリティ対策がとられていて、ビル内に入る際にインターフォンで施錠の解除を受けなければならないものもある。そのうえで、セキュリティが解除されていないフロアにはエレベーターが停止しないように設定されていたり、部屋ごとにドアが常時施錠されているものもある。

　一般のオフィスや住宅でもカメラ付のインターフォンが普及している現在では、このようなセキュリティは違和感なく受け入れられていると思われる。

　ただし、最近の自動施錠でカードキー方式の場合、休日に1人事務所に出て、カードを持たずにトイレに出て部屋に戻れなくなるという悲劇も起こることになる。

（太田　秀哉）

ら自宅などに出向くようにしていますが、距離があると何回もできません。電話も難しいとなると、一方的に手紙を送ることになりますが、果たしてしっかりと読んでくれているのか不安になることもあります。和解などの節目には、きちんとした意思確認をするように努めています。

白丘 どんなに大変でも、本人と直接面会してその意思を確認することが必要でしょう。高齢や病気の人を依頼者とする事件では、手間がかかることがあらかじめ想定されるのですから、意思疎通のための費用を前もって請求しておくことも必要だと思います。

茶村 私は、高齢で遠方に住んでいる女性の事件で苦労したことがあります。そもそも依頼してきたのは、その女性の長男で、東京に勤務していた人です。高齢なうえに遠方なので打合せが難しいということで、最初から、長男と打合せをしながら訴訟を進めてきたのですが、和解の交渉が始まり、和解ができそうになったとき、私は、丸一日を使ってその女性の自宅まで行って説明し、了解をとりました。

3 顧問会社をどうつなぐか

◆ 顧問料とその仕事内容

藍田 皆さんには顧問会社がそれなりにあると思いますが、顧問料は、どのように定めていますか。その顧問料でどこまでの法律事務を処理していますか？

黒山 顧問料は、3万円、5万円、10万円とあります。3万円の顧問先は、結構頻繁に法律相談に来るところもありますが、だいたいは1年に数回の電話またはメールによる法律相談があるくらいですね。5万円の顧問先は、さまざまですね。1か月に数回事務所に来て相談したり、結構厚い契約書のチェックを依頼したりする顧問先があると思えば、数か月に1回電話あるいはメールによるごく一般的な法律相談があるだけのところもあります。10万円の顧問先は、数社ですが、仕事内容は、5万円の顧問先とあまり変わりません。5万円の顧問先と10万円の顧問先は、予想される仕事の量や質で決まるわけではなく、顧問先の選択にかかりますね。私の方から、月額10万円にしてほしいといった顧問先はありません。

白丘　10万円の顧問先は、契約書のチェック、電話・メールによる法律相談が結構頻繁にあるのが普通ですね。1か月に1回は、法務部の人との面談をしているところもあります。ただ、10万円の顧問先と5万円の顧問先では、10万円の顧問先の方が打ち切られる可能性が高いですね。値下げの交渉をするくらいならばっさり切ってしまおうというわけです。5万円の顧問先は、打ち切りの経済的効果が少ないこともあり、長いお付き合いになりますね。

茶村　私も、3万円から10万円までの顧問先がありますが、過去には、月額20万円の顧問先もありました。しかし、それは、民事再生が見事に成功した会社でしたから、別格だと思います。委任契約書で成功報酬について合意していても、実際には資金繰りが厳しく一括して報酬金の支払ができない状態だったため、新規に顧問契約を結んでもらいました。ところが、当初の委任契約の成功報酬額に達しますと、顧問先が支払を打ち切ってきました。こちらは、法律相談もときどきあったので、顧問契約の継続を密かに考えているのですが、支払う方はしっかりと覚えているのですね。「あーあ」とガックリしますが、やむを得ませんね（笑）。

◆ **顧問会社との付き合い**

藍田　顧問会社とはどういう付き合いをしていますか。季節の贈答をしたり、定期的に会食をしたりしていますか？

茶村　私は、食事に誘われれば断らないで行くくらいです。こちらから、飲みに行きましょうと誘うことはありません。そういう点では、ビジネスライクに付き合っています。

黒山　私は、中小企業の顧問先にはお中元とお歳暮を欠かさず贈っています。上場企業の場合は、あまりいい顔をしないところが多いので、贈っていません。金額としては5000円程度の食品です。

白丘　私は、顧問先に季節の贈答をしたことはありません。そもそも依頼者に対して贈答品をする考えがありません。しかし、私の知っている弁護士に、新年には、お年賀を持ってすべての顧問先に挨拶回りをする人がいます。上場企業の法務部にも行くそうです。また、ある弁護士は、顧問先の社員

に定期的に連絡をして食事をし、必ずおごるようにしているとのことです。顧問先の役員についても、何回かに1回の割合でおごるようにしているそうです。また、バレンタインデーには、知っている女性社員にチョコレートを贈ってもいるそうです。私には到底できない芸当です。

藍田　皆さんが受け取る季節の贈答について、お礼状はどうしていますか？

白丘　妻がはがきに自筆でお礼を書いて出しています。

茶村　私も同じです。ただ、ワープロをプリントアウトしたものを事務所の封筒で送ってくる弁護士がいますが、感謝の気持ちがいまいち伝わりませんね。名前だけでもよいので、自筆部分を残すべきでしょう。

黒山　私は、必ず自分ではがきにお礼を書いて返すようにしています。結構な数の贈答が届きますから、自筆で書くだけでもかなりの時間を要し、面倒だなと思うときもありましたが、贈ってくれた人の立場に立ち返る必要があるといい聞かせて、現在に至っています。いまでは、すっかり慣れました。「先生にはいつもご丁寧な直筆のお礼状をいただき、感激しています」などといわれたときは、やっててよかったとつくづく思いますね。

◆ **相談がない顧問会社**

藍田　1年に1回も相談のない顧問会社があるのではないかと思いますが、どのようにケアしていますか？

白丘　3万円の顧問料の先には、1年に1回も法律相談がないところもあります。相手にしてみれば、月額3万円でいつでも優先的に法律相談やその他の法律サービスを受ける地位をキープしておくという考えなのでしょうが、こちらにすれば、申し訳なさが先に立ちます。かといって、「法律問題はありませんか」と御用聞きに行くのもはばかられます（笑）。司法書士の中には、定期的に取引先を巡回して、役員変更・定款変更などの商業登記がないかどうか、不動産登記をする案件がないかどうかを聞いて回る人がいるようです。弁護士でも、このような御用聞き回りをしている人はいるのでしょうね。

茶村　顧問料だけ支払ってもらって相談がない顧問先がたまに案件を持ち込んできたときは、内心ホッとしますね。そういうときは、「顧問料をもらっていますから、これは無料で結構ですよ」という場合があります。

◆ 顧問関係の解消

藍田 顧問先は安定収入源ですが、いつ切られるかという不安がつきまといます。これまでに顧問関係が終了した経験がありますか？ その理由は何でしたか？

黒山 顧問契約を切られたことがあります。その理由は、さまざまです。中小企業では、経営者が交代したときが圧倒的です。上場企業では、親しくしていた法務部の担当社員が転勤したとき、顧問先会社が大きな会社に吸収合併されて法務部も吸収されてしまったとき、大きな会社の子会社になってしまったときなどは、顧問契約が打ち切られます。また、苦境に陥って倒産してしまうこともない話ではありません。連絡が途絶えていた顧問先から「折り入ってお話があります。短時間で結構ですから、お時間をいただけませんでしょうか」という電話が入るときは、ほとんど顧問契約打ち切りの話ですね。この種の電話は実にいやなものです。

白丘 私は、私の事務所より大きな法律事務所に顧問先が切り替わったことがあります。逆に、別の弁護士が顧問に就任していた会社がその弁護士を切って私と顧問契約を締結したこともあります。最近は、大規模事務所が最先端問題のセミナーを頻繁に開催したり、事務所編集の書籍を刊行したりして企業の顧客の争奪戦が激しくなっていますね。自分を磨いておかなければどんどん取り残されます。

茶村 中小企業の場合、相談の件数が少なくなって顧問契約を打ち切ってきます。以前は月額3万円、5万円の場合には打ち切りもあまりなかったのですが、最近はそうでもありません。厳しいというか、せちがらい世の中になったのかなあと思います。

◆ 顧問先の開拓方法

藍田 顧問先の新規開拓はどのようにしていますか？ また、反社会的勢力が外見上立派な会社を仮装していることもあるようですから、どうやって問題のある顧問先を見抜いているかもお話しください。

白丘 あとでお話ししますが、上場会社の中には顧問弁護士を置かない会社も増えてきているようですし、法的紛争の複雑高度化、コンプライアンスの

要求、弁護士の専門分野の細分化などもあって、弁護士間の競争も激化しています。したがって、私の顧問先の新規開拓は、中小企業が主なターゲットになります。中小企業はオーナー企業が多いですから、必然的にオーナーとの人的関係を深めることから始まります。異業種、特に税理士との交流会があるのですが、そこに顔を出すようにしたり、中学や高校の同窓会に顔を出すようにしたりしています。

茶村　私も、いろいろなところに顔を出すように努めています。講演会の講師になることも効果的といわれています。なお、よく、ロータリークラブやライオンズクラブに入会して、会社経営者などに顔を売っておくとよいといわれますが、私の経験からすると、そこから顧問になったのはほんの数社ですね。費用対効果からすると、割に合わないと思います。

黒山　顧問先の新規開拓に焦り、問題企業を顧問にしてもいけませんね。その意味から、飛び込みの会社の顧問は受けないようにしています。特に、高額の顧問料を提示してきたときは、要注意です。おいしい話には裏があると思っています。金のペーパー商法で大きな社会問題を引き起こした豊田商事事件では、金のペーパー商法が合法だとの裏付けを与えた顧問弁護士の存在がマスコミでクローズアップされました。その顧問弁護士は、ほとんどが懲戒処分を受けましたが、いわゆる問題会社と運命をともにさせられたわけであり、顧問に就任するには細心の注意を払うことも必要です。性善説に立つと得てして失敗しますね。

白丘　倒産事件を主とする弁護士は、債権者として登場することが必至の金融機関を顧問にはできないでしょう。現に、私が知っている倒産法の大家といわれる弁護士は、生損保会社も含め、金融機関の顧問は絶対に受けないことにしているそうです。好景気が続いて倒産事件が減少したらどうするのかなどと考えてしまいますが、いったんメガバンクなどの顧問になってしまえば、利益相反で倒産事件は受任できなくなってしまいますから、そのようにせざるを得ないのでしょうね。

◆　**年賀状と名刺**

藍田　顧問先の開拓に限定されないのですが、皆さんは、年賀状をどのくらい

出していますか？　また、名刺は、年間で何枚くらい消費していますか？

黒山　年賀状は、3000枚くらい出しています。そのうち法曹関係者が500枚くらいあります。名刺は、1年間で1000枚くらい使うでしょうか。弁護士以外に1000枚の年賀状を出すようになると、食べていけるという話を聞いたことがありますが、何とか食べています。私は、年賀状の効用は、もらった年賀状を保管しておいてくれるところにあると思います。現に、久しぶりに事務所に事件を依頼しに来た人は、私の年賀状を持参してきましたね。

白丘　私も、黒山さんと同じくらい出します。私の知っている弁護士に、名刺交換をした人全員に年賀状を出すという弁護士がいますが、おそらく1万枚は出しているのではないでしょうか。なお、私は、もらった名刺を事務局に渡してデータを取り込んでもらっています。

茶村　私は、年賀状はまだ1000枚くらいです。年賀状についていうと、弁護士は、本当に丁寧な年賀状を出しますね。私が破産管財人を務めている会社の社長宛てに「ご無沙汰しています。ぜひ一杯やりましょう」と書き添えた年賀状が数枚転送されてきたことがありますが、営業努力しているのがわかり、涙ぐましくなります（笑）。名刺についても、差し出した弁護士から、間髪を入れずに「先日はお名刺を頂戴しありがとうございました。今後ともご厚誼のほどお願い申し上げます」などと記載した手紙が届いたことがありました。いまは、メールですね。しかし、そこまでやる人たちを見ていると、大変だなあと思いますね。

◆ **大企業における顧問制度の衰退**

藍田　大企業は、顧問弁護士を選任しなくなっていると聞きますが、そうなのでしょうか？

白丘　そのとおりです。コンプライアンス重視、コーポレートガバナンスの強化が叫ばれるようになってから、企業の法務部が飛躍的に地位を向上させ、充実してきました。上場企業のほとんどに法務部がある時代です。このように法務部門が充実・強化されてくると、昔ながらの顧問弁護士制度は置き場所がなくなってきます。1人の顧問弁護士に法律問題すべてを相談す

るシステムは機能しなくなり、特定分野で秀でた弁護士を探して活用することが重要になったわけです。これに加えて、最近急速に企業内弁護士が増えていますが、この人たちが顧問弁護士の仕事のほとんどを代替しています。したがって、多くの大企業では、顧問弁護士制度は滅びつつある、また現に滅んでいるところが多いといえるでしょう。

黒山　企業内弁護士の話が出ましたが、この人たちの仕事の1つとして、問題の案件について最適の弁護士を選定することがあるといわれています。若い弁護士は、大きな企業の顧問は、昔からの弁護士に独占され、入り込む隙間がないなどといいますが、そんなことはありません。私は、いまの企業内弁護士の方に知り合いはいませんし、企業内弁護士は若い方が多くなっています。そうすると、若い弁護士には、チャンスがたくさんあることになりますよ。

茶村　自分にもチャンスが回ってきたと実感しますね。法律分野の専門化が著しく進展し、いまや、知的財産権というくくりではなく、特許法、商標法、意匠法、著作権法、不正競争防止法というように分化しています。この専門化は、特別法の分野だけでなく、民法のような基礎法でも進展しています。民法でも、債権譲渡が担保法も含めて専門分野化していますし、会社法は、いまや専門化の見本のようになっています。このような専門化に対応できるのは、頭脳が柔軟で吸収も早い若い弁護士です。オーバーな表現をすれば、若い弁護士の未来は大きく開けているといってよいと考えますね。

Article 1
嘘と秘密

市川　充

1　依頼者の嘘と弁護士の真実義務

　弁護士であれば、依頼者から嘘をつかれたことがあるという経験は誰もがもっているであろう。依頼者の嘘に接するのは、従来といっていることが矛盾していたり、客観的な証拠と符合していないことをいっていたりして何かおかしいと気づくことから始まる。その後の対応は弁護士によって異なるかもしれない。矛盾していることについて依頼者をきつく糾弾する弁護士もいれば、やんわりと質す弁護士もいるであろう。民事訴訟の依頼を受けている場合であれば、今後の主張の内容にかかわることが多いであろうから、何もしない弁護士はいないと思われる。

　依頼者のいっていることが誰の目から見ても虚偽であることが明らかである場合は、それをそのまま主張することは通常は考えられない。では、依頼者から、虚偽ではあることを打ち明けられたが、虚偽であることは第三者にはわからないから、それをそのまま主張してほしいといわれた場合、弁護士はどうすべきであろうか。

　職務基本規程5条は真実義務を規定しているが、民事訴訟において、この真実義務とは具体的に何を意味するものであるのか。この点について、民事訴訟においては、弁護士は積極的真実義務を負っているわけではないが、消極的真実義務は負っているとするのが通説的見解である。つまり、弁護士は、当該証拠を提出すれば真実の解明に資するかもしれないが、自己の依頼者にとって不利なものを積極的に提出しなければならない義務（積極的真実義務）はないが、虚偽と知っていて虚偽の事実を主張したり、虚偽の証拠を提出したりしてはならない（消極的真実義務）のである（日弁連弁護士倫理委員会編著『解説・弁護士職務基本規程（第2版）』(2012) 9頁）。したがって、この見解に従えば

上記の例では弁護士は虚偽であることを知ってその事実を主張してはならないことになる。依頼者から虚偽であることを打ち明けられた弁護士は、そのような主張をしてはならないと、依頼者を説得しなければならない倫理上の義務を負っていることになる。

弁護士としては依頼を受けた事件は何としても勝ちたいと思うこともあるが、プロフェッションとしての弁護士は、ルールを無視してまで勝つことは許されない。弁護士は依頼者のいうことをいわれるがままに主張するのではなく、弁護士としてのスクリーニングにかけることが期待されているのである。

依頼者が、弁護士の説得を聞かずに虚偽の主張に固執する場合、弁護士は辞任しなければならないことになる。

2 真実義務と守秘義務のジレンマ

それでは、弁護士が虚偽であることを知らずに事実を主張し、あるいは書証を提出したあとに、依頼者から「実はあれは嘘でした」と打ち明けられた場合、弁護士としてはどのように対処すべきであろうか。

弁護士の真実義務からすれば、虚偽であると知ってそのまま訴訟遂行を続けることはできない。弁護士としては依頼者を説得して、虚偽の主張を撤回する必要がある。問題は、依頼者が説得に応じずに、そのまま虚偽の主張を維持することに固執した場合である。弁護士は、依頼者の意思に反して真実を裁判所に伝えるべきであろうか。依頼者の意思に反して依頼者から打ち明けられた事実を裁判所に開示することは、弁護士の守秘義務に反することにならないか。ここで弁護士は、真実義務と守秘義務のジレンマに陥ることになる。

守秘義務は弁護士の中核的な倫理といわれるが、絶対的な義務ではなく、例外も認められている。職務基本規程23条は「弁護士は、正当な理由なく、依頼者について職務上知り得た秘密を他に漏らし、又は利用してはならない」と規定し、正当な理由があるときは秘密の開示が許されることを予定している。問題は、どのような場合に守秘義務の例外が認められるのかという点である。弁護士は、依頼者から自己に不利なことであってもすべて打ち明けられることにより職務を全うすることができる。弁護士が依頼者から打ち明けられたこと

を簡単に開示してしまっては、依頼者は安心して弁護士に真実を打ち明けなくなる。それでは弁護士は職務を行えなくなるし、違法行為をしようとする依頼者（上記のケースでは虚偽の事実を主張しようとする依頼者）を説得して違法行為をとどまらせることもできなくなる。一般に守秘義務の例外として認められているものの中に公共の利益を守るために必要な場合がある。だが、この公共の利益を守るために必要な場合というのは、極めて限定的に解されている。依頼者の行為によって生命身体の危険が現実的に起きようとしている場合（たとえば、「工場の有害な廃液を河川に流そうと考えている」と依頼者から打ち明けられた場合で、依頼者が弁護士の説得に応じないようなとき）にのみ、それを阻止するために弁護士が当該秘密を開示することが許されると解されているのである（前掲・解説56頁）。

　したがって、依頼者が説得に応じない場合に、弁護士が真実義務を果たすために依頼者の意思に反して、依頼者から打ち明けられた秘密を開示すれば、守秘義務違反を問われるおそれがある。かといって、弁護士がそのまま虚偽の主張を維持していくのはつらいことである。

　この点、先のケース（虚偽の事実を主張する前に虚偽であることを打ち明けられたケース）と同じように弁護士は辞任すべきとする考えもある。現実的な結論であるが、問題がないわけではない。先のケースでは裁判所に主張する前に辞任するケースであったが、ここではすでに虚偽の事実を主張してしまっているのであって、このまま辞任したのでは、虚偽の主張がそのまま残ってしまうということである。真実義務を貫くのであれば、虚偽の主張をそのままにして辞任するだけでは足りないとされる余地がある。

　アメリカでは、これに類似したケースで弁護士に騒々しい辞任（noisy withdrawal）を義務づけるといった議論もあるようである。弁護士は直接には、依頼者から打ち明けられた内容を開示するわけではないが、あたかも問題があることを示しながら辞任するという方法らしい。

　いずれにしても、上記の問題の解決方法が示されているわけではなく、弁護士はジレンマに悩まされながら、具体的な事案の中で何らかの解決を図っていくしかないようである。弁護士としては上記のようなジレンマに陥る事態にな

らないことを祈るばかりである。

3 刑事事件における真実義務

　刑事事件についての真実義務の考えは、上記の民事事件におけるのとは異なり、統一的な見解が示されているわけではなく、論者によってさまざまである。
　ただ、被疑者・被告人から、「本当は自分がやったのだけど、無罪主張をしてほしい」と依頼された弁護人がとるべき道については、一定の解決方法が示されている。このような場合、弁護人としては、被疑者・被告人とよく協議をして、被疑者・被告人の主張がほかの客観的事情から見て通用するのかどうかの見通し、無罪主張が通らなかった場合のリスクなどを十分に説明しなければならない。場合によっては翻意を促すように説得することもある。それでも、被疑者・被告人が無罪主張にこだわる場合は、弁護人は無罪主張をすべきである。刑事事件の場合は、被告人は検察官が提出する証拠によって有罪となるのであり（無罪推定の原則。「疑わしきは被告人の利益に」）、刑事弁護人の役割は、検察官提出の証拠の不備をつくことが求められているからである（前掲・解説12頁）。民事事件のように、弁護士の信条にそぐわないので辞任するというのは弁護士の誠実義務を全うしたことにはならないのである。

Article 2
信頼確保

山田　正記

1　依頼者との接し方

　弁護士は、依頼者から事件の相談を受け、受任し、その処理にあたることを職業とする。以前は、知人や先輩弁護士、それに税理士、社会保険労務士などの専門職から紹介を受けた依頼者の相談に乗るケースが多かったのではないかと思う。いまでも一見さんお断りという弁護士はいるかもしれないが、少なくなっているのではなかろうか。それに代わって現在は、ネットで検索すれば、弁護士や法律事務所をさがすことができるようになった。それだけ国民の弁護士へのアクセス環境は改善されるようになったといえよう。

　私は、旧世代の弁護士なので、依然として知人などから紹介された依頼者がかなりのウェイトを占めている。弁護士は、依頼者が抱えているトラブル案件を取り扱うので、依頼者との信頼関係は極めて重要であり、その点信頼できる知人からの紹介であれば、安心感があるからである。

　依頼者の抱える問題を聞き、そこから法律問題を抽出し、その解決方法を提示するというプロセスにおいて、まず心がけるのは、聞き上手になるということである。

　依頼者は、自分の抱えている問題が法律問題にあたるか否かわからないし、またその適切な解決方法も知らないので専門家である弁護士にアドバイスを求めることが多い。それゆえ弁護士としては、根気よく依頼者の話に付き合わなければならない。弁護士が依頼者の話を中途半端に聞いて、自分でストーリーを組み立て、それを依頼者に押し付けるようなことを絶対にしてはならない。依頼者が心から納得したうえで解決を図らなければ、依頼者に決して満足してはもらえないからである。

　そして、依頼者から話を聞く際は、依頼者に不利な話もきちんとしてもらうことが大切である。依頼者の中には、自分に有利な話ばかりして、不利な点を

隠そうとする者もいるので要注意である。依頼者の話にそのまま乗っていて、あとでどんでん返しを食うこともある。

　私がまだ駆け出しの頃、ある離婚事件で妻側の代理人となり、夫側と親権などをめぐって争いになったことがあった。ところが、その裁判の途中で、夫側がDNA鑑定の結果を提出して、子供が夫の子供ではないことが判明した。妻が夫との婚約中に別の男性と交際していて、その男性との間にできた子供だとわかったのである。私は、そのような事実は、妻から事前に知らされていなかったので、それを知ったときは驚愕した。以後裁判の様相は一変し、私は代理人としてほぞを噛むことになったのである。

2　依頼者との信頼確保

　多くの弁護士会で、市民からの弁護士に対する苦情窓口を設けている。苦情の中身はさまざまであるが、依頼者からの苦情では、受任した弁護士が事件処理について十分説明してくれないとか、あるいは、事件処理の経過について適宜報告してくれないので、現在依頼した事件がどのようになっているのかよくわからないといったことが多い。このようなことが続くと、依頼者の信頼を失い、やがては解任されるということにもなりかねない。

　弁護士は、こまめに依頼者とのコミュニケーションをとるべきである。現在は、メールなどのツールが発達しているので、それらを活用することができる。後にトラブルになったときでも、途中経過がメールなどで残されていれば、弁護士の身の安全を図るよすがにもなる。

　それから、依頼者は、弁護士の些細な言動や態度にも神経をとがらせていることがあるので注意が必要である。たとえば、相手方や代理人の弁護士と知り合いであったとしても、依頼者の面前で、親しげな言動や態度をとるのは禁物である。依頼者は、自分が委任した弁護士が本当に自分のために力を尽くしてくれるのか、見極めようとしているからである。

　事件処理が終了に近づき当事者どうしが譲歩して和解する段階に至ると、依頼者に対して説得する必要が出てくる。その際、依頼者との間に信頼関係が強固に築かれていないと、弁護士に対し、「一体どちらの方を向いて仕事をしてい

るのだ」といった不信感をもたれることにもなりかねない。それまでの相手方との交渉の中で、きちんと依頼者の正当な利益を踏まえた主張をしているのだということを理解してもらっていれば、和解のための説得も容易になるのである。

　以前このようなことがあった。私がある交通事故の被害者の代理人として加害者側の保険会社の者と交渉にあたっていたときのことである。どのような経緯か詳細は不明だが、加害者が、私のことを知っている弁護士だといっていることが、被害者に伝わったことがあった。聞いてみると、十数年以上前、私が仲間数人と情報交換を兼ねた飲み会をやっていたことがあり、そのとき加害者がその飲み会に参加したことがあるということだった。もちろん、それから時が経過し、その飲み会自体が自然消滅して、私は加害者の名前すら忘れてしまっていた。しかし、その話を加害者から聞いた依頼者は、私に代理人を辞任することを強く求めてきた。私は、もちろん加害者に対し手心を加えるといったことは、毛頭考えもしなかったが、一度不信の念をもった依頼者の心中を察して辞任した。私の行為は、もちろん利益相反行為に該当するようなことではなかったが、何とも後味の悪いことであった。ことほどさように依頼者と信頼関係を築き、維持していくことは、容易ではないのである。

3 報酬をめぐるトラブル

　依頼者とのトラブルで多いものの1つは報酬をめぐるものである。

　平成15年の改正までは、弁護士会の会則に弁護士報酬の基準が定まっていたが、改正後は、弁護士は報酬を自由に定めることができるようになった。もっとも、「経済的利益、事案の難易、時間及び労力その他の事情に照らして、適正かつ妥当な弁護士報酬を提示しなければならない」（職務基本規程24条）とされている。

　報酬を決めるにあたっては、いまでも多くの弁護士は、旧弁護士会報酬規定を目安としているのではないかと思われる。その基準からかけ離れた報酬を請求し、トラブルになって懲戒処分にされた例もあるので注意が必要である。

　ときたまではあるが、被告の代理人となって請求棄却判決をとったにもかかわらず、報酬を渋る依頼者がある。分割払いに応じたり、場合によっては当初取り決めた金額より減額せざるを得ないこともある。悩ましいことである。

Article 3 解任と報酬

市川　充

1 弁護士報酬をめぐる裁判

　弁護士報酬をめぐる裁判は意外と多い。判例集に掲載されている裁判例も相当数ある。弁護士はお金への執着が強いのか、それとも依頼者の側がずるくて弁護士がやむにやまれず裁判を起こしたのか、その理由もさまざまであろうが、判決文の中に動機が直接記載されることはないから、行間を読み解くことになる。多くの裁判がある中でも、弁護士報酬をめぐる裁判は、①報酬の合意がないために報酬の支払義務の有無やその額が争いになるもの、②弁護士が解任されて、みなし成功報酬特約に基づき弁護士報酬の請求をなすもの、③委任契約が途中で終了した場合に、依頼者の側から着手金の返還を求めるもの、④報酬合意がないまま弁護士が依頼者の預かり金から一方的に定めた報酬額を差し引いてしまい、依頼者側から預かり金の返還を求めるものなどがある。

　これらのうち、①や④は、委任契約書作成義務違反（職務基本規程30条1項）として倫理上問題となるし、③についても弁護士の報酬に関する規程5条4項（委任契約書には委任契約が中途で終了した場合の（報酬の）清算方法を記載しなければならない）などを理由に倫理上の問題が生じる。もっとも、委任契約書の不作成が倫理上問題になる場合でも弁護士報酬が発生しないわけではなく、当然のことながら、倫理の問題と民事上の請求権の問題は別のものである。

2 委任契約書の不作成と弁護士報酬

　委任契約は民法648条1項で特約がなければ無報酬と規定されているが、職業としての弁護士が仕事をする以上は原則として報酬が発生しなければ不都合であることから、依頼者との間で黙示の報酬特約があるとするのが一般的である（最判昭和37・2・1民集16巻2号157頁）。その場合の報酬額の算定につ

いてこの判例は、「事件の難易度、訴額及び労力の程度ばかりでなく、依頼者との平生からの関係、所属弁護士会の報酬規程等その他諸般の状況をも審査し、当事者の意思を推定」してなされるとする。実際には、弁護士会の報酬規定に基づき報酬額の算定がなされる傾向にあったといえる。

ところが、平成16年に弁護士報酬基準を定めていた規定が廃止され、各弁護士が自己の報酬基準を事務所に備えおくことが義務づけられた。したがって、その後は弁護士会の報酬基準を考慮事情にすることはできなくなったが、多くの弁護士が自己の報酬基準を弁護士会の旧報酬規定に準拠させていることから、結果として報酬基準を考慮材料にして報酬額を算定する傾向にあるといえる。さらには、弁護士が報酬の説明義務や契約書作成義務を遵守していない場合は、この点も考慮事情の1つとされ、依頼者に不測の費用負担をかけるべきではないという点から報酬額は控えめなものにせざるを得ないと判断するものもある（たとえば東京地判平成19・8・24判タ1288号100頁）。

3 解任と着手金の清算

依頼者から解任された場合の弁護士報酬はどのようになるのだろうか。まず、着手金の清算義務があるか。この点、従来は、依頼者側の帰責事由があるときは原則として、着手金は清算（返還）する必要がないという見解もあった（たとえば大阪地判昭和41・6・6判タ191号187頁）。しかし、着手金は、受任事件が最終的に終了し、成果が出なかった場合に清算する必要がない弁護士報酬ではあるが、委任関係が途中で終了してしまった場合には、弁護士の責に帰すべからざる事由によるときであっても、当該着手金が労力に比べて過大であるという事情があるときは、清算する必要があるとする見解が支配的のようである（福岡高判昭和55・9・17判時999号72頁、東京地判平成8・7・22判タ944号167頁）。弁護士会の懲戒委員会も後者の見解を前提に、途中解約の場合の着手金の清算をしないことを理由に懲戒とすることが少なくない。清算方法は事件の進行の度合いに応じてなされるものだが、ある程度進行した事件については実際に事件の終着点まであとどれくらいかかるのか、わからないこともよくあるから清算金の算出は必ずしも容易ではないと思われる。

4 解任とみなし成功報酬特約

　委任契約の中で「依頼者が弁護士の責によらない事由で解任し、又は無断で取下げ、放棄、和解等をなし事件を終了させ、若しくは委任事務の遂行を不能ならしめたときは、委任の目的を達したものとみなし、弁護士は依頼者に対して報酬の全額を請求することができる」と規定することがある。これを一般にみなし成功報酬特約という。みなし成功報酬の規定は廃止された旧報酬規定にも規定があったために、委任契約書に規定する弁護士も相当数いるようであり、このみなし成功報酬特約に基づき弁護士報酬を求める裁判も少なくない。なお、報酬金を事件の成功を停止条件とする請求権であるとして、依頼者による解任等は条件成就の妨害であるとして民法130条による請求がなされることもあるが、これもみなし成功報酬特約に基づくものと類似のものと整理できる。

　裁判例では、委任の中途終了の場合に、理由の如何を問わずみなし成功報酬を取得すると解すべきではなく、弁護士に帰責事由があるときにはみなし成功報酬は取得できないとして（最判昭和48・11・30民集27巻10号1448頁）、みなし成功報酬特約はその適用範囲を制限される方向で解釈がなされている。その場合には、民法648条3項に基づき、履行の割合に応じた報酬の限度で報酬請求の一部が認められるという流れが有力となっている（東京地判平成7・2・22判タ905号197頁、東京地判平成17・10・12判タ1196号77頁など）。

　ただ、他方でみなし成功報酬特約が効力を有するのは、依頼者側に報酬の支払を免れる意図等背信的事情が認められるような中途解任の場合に限られるとするものがあり（東京地判平成8・1・30判タ953号204頁）、みなし成功報酬特約の効力が全面的に否定されているわけではない。なお、近時、みなし成功報酬特約を消費者契約法9条1号に基づき無効とした裁判例（横浜地判平成21・7・10判時2074号97頁）もあるが、みなし成功報酬が常に無効になるわけではないとの指摘もなされている（浦川道太郎「弁護士報酬の「みなし成功報酬」特約が消費者契約法により無効とされた事例」判時2111号154頁）。

　弁護士報酬をめぐる諸問題については加藤新太郎「弁護士報酬をめぐる紛争」司法研修所論集創立40周年記念特集号168頁に詳細な論考がある。

Article 4
依頼者はだれ？

市川　充

1　当事者意識のない当事者

　事件の当事者ではなく、紹介者や経済的支援者（スポンサー）が事件の受任、事件処理に関与してくるという場合がある。本来の事件の当事者は自分が当事者であるという意識をもっていなかったり、自分のことを決めることができなかったり、資金負担能力が欠けていたりする場合に、このような「陰の依頼者」ともいうべき者が登場して、本人に代わって弁護士とのやりとりに関与してくることがある。本来の当事者は、当事者意識が欠落していたり、決断力がなかったりするので、弁護士が事件について当事者本人に説明しても明確な反応がなく、処理方針について本人の希望を聞いても回答が返ってこないこともある。当事者がこのような者でない場合でも、事件の紹介者が、サービス精神が旺盛であったり、おせっかいであったり、ときには何らかの対価の受領を期待していたりという理由で、関与してくるという場合もある。さらには、当事者に依頼をさせることが紹介者の利益になる場合もある。紹介者が当事者に対して債権を有していて、当事者の権利の実現が紹介者の債権回収につながるようなケースである。いずれの場合でも、本人が弁護士に依頼するか決めかねているのに、受任するようにどんどん話を進めたり、打合せの際には同席したりして、処理方針について本人に代わって決断をしてくる。

2　本人の意向確認を怠らない

　このような場合、弁護士の側としては、依頼者と話してもなかなか埒があかないので、「陰の依頼者」と話をして処理方針などについて決定することがある。ただ、これは大変危険なことである。当該事件の法律効果が本来の当事者に帰属する以上、事件処理の決定権をもっているのは、「陰の依頼者」ではなく本来

の当事者であるということを忘れてはならない。事件の説明や報告は本来の当事者に行うべきだし、処理方針の決定に関しても、本人の意向を必ず確認すべきである。当事者が「○○さん（「陰の依頼者」）に任せてあるので○○さんのいうとおりにしてください」という場合であっても、本人の意向確認を行うべきである。面談についても同様である。本人がいくら任せてあるといっても、少なくとも1回は当事者本人と面談をして、意向確認を直接すべきである。

3 どんなトラブルがあるのか

　陰の依頼者に対してだけ報告などを行い、本人との面談や報告、意向確認を怠った場合、何が問題になるのか。事件がたとえば敗訴になって本人がこれに満足しなかった場合、それまで他人任せだった本人が突然、「私はそんなことは聞いていない」などといい出して、結果について弁護士に責任追及をしてくるようなことがある。弁護士としては、本人が陰の依頼者に任せてあるといったから、陰の依頼者には説明していたのだが、陰の依頼者から当事者本人に弁護士による報告や説明がきちんと伝わっていないことはよくある。弁護士は事件の当事者に対する説明、報告義務があるが（職務基本規程29条、36条、44条）、陰の依頼者に説明しただけで、本人に正確に伝わっていないときには、この義務が履行されたことにならない。したがって、懲戒請求されるとこの義務違反を問われることになる。

　また、陰の依頼者が事件の紹介者であった場合で、当事者本人から紹介料を受領していたときは、弁護士が非弁提携を問われるおそれがある。非弁提携が成立するには弁護士自身が紹介料を紹介者に支払う必要はないし、また、職務基本規程11条は「弁護士は、弁護士法第72条から第74条までの規定に違反する者又はこれらの規定に違反すると疑うに足りる相当な理由のある者から依頼者の紹介を受け、これらの者を利用し、又はこれらの者に自己の名義を利用させてはならない。」と規定しているから、弁護士が非弁業者であることを確定的に知らなくとも、紹介料を当事者から受けているかもしれないという認識を有していれば非弁提携の責任を問われることになるのである。

　当事者の権利実現が紹介者の利益になるケースでは、当事者（真の依頼者）

と紹介者（陰の依頼者）との利益が相反することもある。この場合、直接、職務基本規程の利益相反（27条、28条）の規定違反になるものではないが、当事者の利益よりも紹介者の利益を重視すること、あるいは紹介者の利益を配慮すること自体が依頼者に対する誠実義務違反（職務基本規程5条）となることがある。

4 複数当事者からの依頼

　陰の依頼者の場合に似ているケースに複数の当事者からの依頼の問題がある。たとえば、主債務者と連帯保証人が債権者から請求を受けたような場合、主債務者だけが相談に来て「保証人には迷惑をかけられないから保証人についても受任してほしい」というケース。あるいは、遺産分割事件で複数の相続人のグループがほかの相続人のグループと対立している場合で、一方のグループの代表者が弁護士に相談に来て「私たちの代理人になってください」というケースである。これらのケースの場合、弁護士に相談し、打合せの際に来るのは全員ではなく、主債務者やグループの代表者だけであることはよくあることである。このようなケースでも「陰の依頼者」のケースと同様にすべての依頼者に対して報告や意向確認を行わないと後にトラブルになりかねないので注意したい。

　特に、この複数依頼者のケースは、「陰の依頼者」のケースとは異なり、説明報告義務の問題だけではなく、利益相反の問題も入ってくるので深刻な問題となり得る。主債務者・連帯保証人のケース（ドミノ倒し型の利益相反）も、遺産分割のケース（同一のパイの奪い合い型の利益相反）も、当事者間の利益の対立が顕在化していない段階では受任ができるが、その場合でも利益相反が生じた場合には辞任等することをあらかじめ説明しておかなければならない（職務基本規程32条）し、現実に利益相反が生じたときには辞任等をしなければならない（同42条）。複数の依頼者から事件の受任を受ける場合は、必ず利益相反の問題をチェックして説明をするように心がけておくべきである。

先は長い

山下　善久

1　私の最初の顧問契約

　私は、弁護士6年目で独立したが、顧問先はもとより仕事自体もほとんどなかった。いわばゼロからの出発であった。しかし、事務所を開設できたうれしさで毎日は充実していた。その頃、ある方から、東京裁判で被告人となった某陸軍大将の補佐弁護人を務められ、第二東京弁護士会の会長をされたX弁護士の紹介を受けた。X弁護士は当時すでに95歳を過ぎておられ、仕事を引き継がせる予定であった弁護士が亡くなられたことで、私が紹介されたのであった。X弁護士は、顧問先を私に引き継がせようと、何度も私を連れて顧問先を回ってくれた。顧問先も迷惑であったろうと思ったが、大概は暖かく応対してくれた。その対応からいかにX弁護士が顧問弁護士として頼りにされていたかがうかがえた。その中の1社が顧問契約を締結してくれた。この1社が私の最初の顧問先であり、本当にありがたかった。

2　顧問先の開拓

　顧問契約は、毎月の顧問料、さらには単発事件による収入を生み、法律事務所にとっては安定収入源である。ほとんどの弁護士は、顧問先を開拓するため、広告宣伝、ホームページの開設、各種異業種会の会合に出席、ロータリークラブやライオンズクラブへの入会、子供の学校のPTAの役員になるなどの努力をされている。しかし、直ちに顧問契約が締結できるわけではない。まずは自分、あるいは法律事務所を知ってもらわなければならない。

3　顧問契約締結後の生き残り

　やっとのことで顧問契約が締結できても、社長の交代、担当者の定年、経営

状態、意見の違い、契約期間の満了などにより顧問契約が解消されることがあり、生き残ることはなかなか難しい。私も、上記最初の顧問先とは、担当者の交代で打ち切られた。新たな担当者からある事件の相談を受けていたが、担当者を満足させる回答ができなかったのであろう。特に上場企業では何人も顧問弁護士を抱えている企業がある。上場企業と顧問契約ができたと喜んでいても期待に応えることができなければ直ちに打ち切られる。そのため、法律事務所によっては、あらゆる事件に対応できるように各分野の専門弁護士を揃えている事務所もある。私のような個人事務所ではあらゆる分野に応対しようとすれば大変なことである。

ただ、ある上場企業の取締役と飲食をご一緒させていただいたことがあるが、その席上、その取締役は、「成果を上げないと次年度は今の地位はないと考えている。1年1年が勝負である」と話された。顧問契約も同じことである。そうであるからこそ、反対に、現在顧問弁護士がいても取って代わることのできるチャンスがあるといえる。

4 顧問先との付き合い

顧問弁護士は、顧問先から、ゴルフのコンペ、記念パーティー、経営方針説明会、新年会、忘年会などに招待を受けることがある。顧問先から行事に招待を受けた場合どうされているのか。顧問先としては、顧問弁護士を抱えていることを取引先にアピールしたい意味もあるので、必ず出席すべきである。

ある弁護士は、自分ではゴルフをしないのに、顧問先のゴルフコンペのある日は、早朝からご祝儀を持ってゴルフ場に赴き、コンペが終わるまでゴルフ場で待機し、懇親会に出席し、ご祝儀を渡されるなど、顧問先のためにサービスをされているとのことである。信長の草履を懐で暖めた秀吉を見るようである。

5 顧問先とのトラブル

顧問契約を継続するためには、顧問先とトラブルを起こしてはいけないことは当然である。

顧問先のパーティーなどで名刺交換をして親しくなった企業から法律相談を

受けたりすることがある。顧問先との紛争でなければ法律相談に応じることは差し支えないが、顧問先との紛争については利益相反になるおそれがあるので、相談に応じてはいけない。

ところで、顧問契約の締結にあたり、法人の代表取締役から顧問料は会社で支払うので契約は会社でしたい、しかし、実際は私の顧問になってほしいと懇請され、顧問契約を締結する場合がある。ところが、その後、その代表取締役が解任され、解任をめぐって、代表取締役個人が会社を相手に訴訟を提起するに至った場合には、顧問弁護士は、顧問の実体は代表取締役個人であるからといって同人の訴訟代理人になることはできない。受任すると職務基本規程28条2号違反にあたると考えられるからである。

また、契約当事者も顧問の実体も会社である場合に、その顧問会社の実質上のオーナーであり、かつ代表取締役であった者が第三者と紛争を生じさせた場合に顧問弁護士がその第三者の訴訟代理人を受任することはできるのか。

弁護士は、依頼者との信頼関係を保持しなければならない（職務基本規程26条）。この保持義務は、実質上のオーナーでかつ代表取締役であった者にも及ぶと解する。そうすると、第三者である相手方の訴訟代理人に受任することはできない。

それでは、顧問弁護士ではなく、その顧問弁護士と同一の法律事務所に所属する弁護士であった場合には受任できるのか。顧問弁護士でなくても同一事務所に所属する場合でも、顧問会社の実質上のオーナーでかつ代表取締役であった者の相手方の訴訟代理人を受任することは職務基本規程57条に抵触するおそれがあるので、慎重に対応すべきであり、受任した場合は懲戒請求されるおそれがないとはいえない。

6 先は長い

顧問先を開拓するのも、顧問契約が締結できても、契約を継続していくためには、大変な努力を必要とする。私も、顧問先のために自分は何ができるのか、ほかの顧問弁護士とどこが違うのか、常に考えている。前述したX弁護士は、私に「山下君、僕の年齢になるまではまだまだ60年以上あるよ。先は長い。

焦ることはないよ。」とおっしゃった。若い先生、決して焦ることはない。

Coffee Break ——弁護士の備え③

弁護士と保険

　弁護士業務を行う中で、注意をしていてもミスを犯すことはあり、それによって依頼者に損害を被らせることもある。したがって、弁護士にとって賠償責任保険に加入することは当然のことであると考えていた。しかし、かつては、賠償責任保険に加入していない弁護士も多く、その理由としては、自分はミスなどしないし、仮にミスをして依頼者に損害を与えた場合には自らの資金で賠償できるというものであった。失敗を前提とする賠償責任保険に加入するなどということは弁護士の沽券にかかわるという意識もあったらしい。おそらく、弁護士が依頼者から損害賠償請求をされるということもほとんどなかったのであろう。

　しかし、いまや弁護士会の法律相談業務を受任したり、弁護士会を通じて成年後見を受任するにも一定額以上の賠償責任保険への加入が必要となっている。にもかかわらず、弁護士の賠償責任保険への加入率は100パーセントではない。弁護士賠償責任保険が事務所単位の加入となっているため、経営者弁護士が加入しないと勤務弁護士が独自に加入することはできない。保険料が人数単位になっているために、経営者弁護士の負担が大きくなることも加入しない理由の1つなのかもしれない。

　日本医師会に加入している医師は、賠償責任保険の保険料が会費によって賄われており、自ら賠償責任保険に加入する必要はない。弁護士会も同様に若手の弁護士を支援する1つの方策として、会費の中で自動車保険における自賠責保険のような最低限の保障を受けられるような方策が考えられないであろうか。

（太田　秀哉）

第2章
「相手方」の経験学

Chapter 2

Introduction

　弁護士が処理する案件のほとんどに相手方がいる。そして、相手方に弁護士が選任されている場合は、感情的要素が入ることが少ないから、その弁護士がよほど戦闘的か唯我独尊の人でない限り、交渉にはさほど苦労は伴わない。ところが、本人自身が登場してくる場合は、交渉の難易度ははるかに高くなってくるのが通例である。特に感情がむき出しになる離婚事件、遺産分割事件などでは、弁護士が攻撃の標的となることも珍しいことではなくなり、遠慮のない罵詈雑言を浴びせかけられる。

　また、ときには、クレーマーと対峙することもある。社会が病んでいるのであろうか、クレーマーの数は確実に増加しているようである。その名のとおり、クレームを付けることに快感を覚える人たちであるから、揚げ足とりは得意中の得意である。一瞬たりとも気を抜くことは許されない交渉となる。

　さらに、相手方が選任した弁護士がすべて人格円満、公平無私というわけではない。むしろ、日頃「先生、先生」と祭り上げられていることを錯覚して、唯我独尊、傲岸不遜の人が少なからず存在する。このような弁護士と対峙すると軋轢・衝突はほとんど不可避となり、かなり消耗する。相手方本人よりその代理人弁護士との対応に苦慮するのである。

　本章では、事件の相手方対応のノウハウ、クレーマーとどう向き合うか、相手方弁護士にどう接するかをテーマとしてDiscussion（座談会）を行い、また、「怒りの矛先─相手方との軋轢─」「熱心弁護」「クレーマー対処法」「『ブレダの開城』─相手方弁護士との接し方─」という4本のArticle（論考）を掲載した。

　弁護士として依頼事件を誠実に処理していくためには相手方と相手方弁護士と対峙することは不可避である。また、不運にもクレーマーに遭遇することもまれではない。執筆者6名のさまざまな経験談をぜひ参考にしていただきたい。

（髙中　正彦）

●Discussion●
相手方をめぐって

1　事件の相手方対応のノウハウ

◆　印象に残った相手方

藍田　離婚事件、交通事故事件、倒産事件をはじめとして事件の相手方に代理人がついていない場合、相手方本人との軋轢や紛議は、ほとんど不可避のように思いますが、これまでに印象に残った相手方との軋轢や紛議があれば、どのように対処したかも含めて、経験をお話しください。

黒山　私の場合は、交通事故事件ですごい相手方に遭遇しました。ソープランド嬢が被害者なのですが、その情夫が交渉に出てきて、ソープランド嬢の年収について「賃金センサスを使うのはおかしい、もっと収入がある」といい張るのです。最後は、調停に持ち込んで解決しました。また、バイクで負傷した老人ですが、「アメリカに行って治療したから交通費と治療費を出せ」と怒鳴るのです。交渉に行った損保の社員は猟銃を持ち出されて脅される始末でした。調停にしましたら、胴巻きに花火をたくさん巻いてきてライターで火を付けると脅すのです。最後は債務不存在確認請求訴訟を提起して判決をもらいましたが、その人はとうとう判決が認めた賠償額を請求せずに亡くなりました。損保関係では、ほかにもたくさんありますが、この辺にしておきましょう。

白丘　すごい相手方として記憶に残っているのは、おとなしそうな若い女性の債務整理事件で、受任通知を発送したら、債権者としてえせ同和が事務所に乗り込んで来たことがあります。そんな人に会う必要もないので、事務職員に不在だといってもらい帰ってもらいましたが、あの女性がこのような人から借金していたのかと思うとびっくりしましたね。

茶村　私は、まだ相手方と紛議になったことはないのですが、これまでに弁護士が受難した事件の多くは、離婚事件ですね。知人の弁護士は、裁判所の

廊下で相手方に背広の腕を引っ張られ、腕の部分がとれてしまったとのことです。また、最近は、悲惨な殺傷事件も数件起きています。これらの加害者は、だいたい夫側です。

　また、昔は、倒産事件があると、暴力団員やそれとおぼしき者が在庫商品の引上げのためにトラックで乗り込んで来たといいます。私の知っている先輩弁護士から聞いた話ですが、倒産会社の社員をトラックの前輪の前に寝かせ、「どうしても持って行くなら、こいつらを轢いていけ！」と怒鳴ったといいます。すごい度胸です。

◆　**業務妨害の経験談**

藍田　弁護士に対する業務妨害も多発していますが、そのような経験があれば、どのように対応したかも含めて、お話しください。

茶村　私は、幸いなことに業務妨害に遭ったことはありません。しかし、友人の弁護士の中には、離婚事件で相手方の夫からインターネットの掲示板にかなりひどい誹謗中傷の書き込みをされて困ったという人がいます。昔は粗暴な業務妨害が多かったのですが、ネット社会になってからは、ネットによる業務妨害の方が多いのではないかと思います。

白丘　私も業務妨害をされたことはありませんが、無言電話が鳴り続けたとか、頼みもしない寿司100人前が届いたとかいう弁護士もいます。業務妨害については、決して1人で悩まないことですね。都市部の弁護士会では、弁護士業務妨害対策委員会などを設けて組織的な対応をしてくれるところもあります。

黒山　私が弁護士になった頃は、「暴力団の組長クラスは決して弁護士には手を出さない、気をつけるのは鉄砲玉のような若い組員である」といわれました。しかし、いまもその論理が通用するかは疑問ですね。

◆　**相手方との直接交渉**

藍田　職務基本規程52条は、弁護士が選任されている相手方との直接交渉を禁止していますが、その点で苦労した経験はありますか？

白丘　相手方弁護士に送付すべきファックス文書を誤って相手方本人に送信してしまったことがあります。相手方の弁護士から猛烈な抗議を受けました。

黒山　相手方に弁護士が選任されている場合に相手方本人と直接交渉をされると、相手方が弁護士を選任した意味を失わせることになるとともに、相手方本人を不利益に陥れるおそれが大きく、公正ではないこと、相手方代理人をその依頼者との関係で窮地に陥れかねず、弁護士間の信義にもとることになることが立法趣旨といわれますが、相手方弁護士にとっては、頭越しの交渉をされプライドをひどく傷つけられることがあるため、非常に敏感に反応するのだと思いますね。

茶村　相手方本人との直接交渉の禁止に違反したとする懲戒請求は、結構あるのですね。特に自尊心の高い弁護士が相手方についた場合は、要注意です。相手方と直接交渉をするのは、相手方弁護士に何度も連絡をしても全く反応がないため、やむを得ず相手方本人に連絡してしまったというケースがほとんどだと思いますが、それでも相手方の弁護士は、過敏に反応しますね。

2　クレーマーとどう向き合うか

◆　今までに遭遇したクレーマー

藍田　軋轢のあった相手方の中にはクレーマーもいたのではないかと思いますが、どのようなクレーマーでしたか？　また、どのような対処をしましたか？

茶村　クレーマーは、弁護士のミスがあるとそこを執拗についてきますね。私は依頼者に送るべき文書を間違えて相手方本人に送ってしまったことがあります。そうしたら、相手方は、執拗にこのミスを責め立ててきたのです。私は、謝罪し、それ以外の要求は断ることができましたが、知り合いの弁護士の中には、お金を支払って解決した人もいます。

白丘　私はメールで失敗しました。依頼者に送信すべき内容を家族が見られるメールに送信してしまったのです。そのメールは、遺言書の記載内容に関するものでしたから、家族に見られては困る内容だったのです。とにかくミスを謝りましたが、メールやファックスの誤送信は、怖いですね。金融機関では、原則的にファックス送信を禁止しているほどです。そのため、こちらから送信することもできなくなっています。メール送信でも、厳重

なパスワードをかけています。弁護士の場合は、金融機関のようにはいかないでしょうから、送信の際はくれぐれも慎重にすべきです。

黒山 クレーマーには、精神的な病気を抱えている人が多いようにいわれますが、企業のクレーマー対策に関する本を読むと、大企業の役員などの社会的地位の高い人がクレーマーになっていることもあるそうです。よくいわれるのは、相手を見下した態度をとったり、一時しのぎの逃げ口上をいったりしてはいけないということです。また、弁護士だから何でもできると思い上がってもいけないともいわれています。弁護士としてできることに限界があることを自覚して対応すべきだというのですが、そのとおりだと思います。依頼者が困っているのだから自分が何とかしてあげようという義務感があまりに強いと、かえって失敗しますね。

◆ **暴力団などと対峙した経験**

藍田 クレーマーではないのですが、反社会的勢力、具体的には暴力団・えせ同和などの人と対峙した経験はありますか？　どのような点に苦労しましたか？

黒山 昔は、弁護士になれば必ず暴力団員やえせ同和などに遭遇するといわれました。最初の訓練は、国選弁護事件であり、そこで暴力団員の気質に触れることができました。そして、倒産事件では整理屋をはじめとする反社会的勢力が跋扈しましたし、高利貸しにも厳しい対応を迫られました。また、交通事故の示談では示談屋などの反社会的勢力がよく登場しましたし、株主総会に行けば総会屋が堂々と闊歩していました。私どもは、さまざまな現場でこれらの反社会的勢力と対峙し、度胸をつけていったものです。いまは、かなり様相が変化しましたが、それでも反社会的勢力がいつ出てくるかはわかりません。そのときは、臆せずに堂々と向き合わなければなりません。私も、某女子レスリング選手の父親のように、ずいぶん自分に気合いを入れたものです（笑）。

白丘 私も、倒産事件で高利貸しと激しいやりとりをしたことがありますが、そのときは必死でしたね。弁護士の中には、「ヤクザなんか怖くないよ」と豪語する人がいます。しかし、それは嘘だと思います。反社会的勢力の

● **Discussion** ● 相手方をめぐって

Coffee Break ―弁護士の情報管理①

便利さの代償

　弁護士業務に限らずコミュニケーションの方法には、面談、電話、信書、ファックス、メールなどがある。それぞれの方法にはメリットとデメリットがあるから、状況や目的に応じてこれを使い分けることが必要である。なかでも、メールは大変手軽で便利な通信手段である。しかし、手軽に使えることによるデメリットや失敗もある。手軽さのあまり文章作りも慎重さを欠いて、相手を傷つけたり、怒らせたりなど受け手の感情を害することがある。手軽さのあまりに文章の見直しをせずに送信して誤字だらけのメールを送った経験は誰でもあろう。

　弁護士が業務でメールを使う場合、注意を要するのは誤送信である。依頼者に送るべきメールを相手方代理人に送ってしまったという失敗談を聞いたことがあるが、笑い話では済まされない問題である。メールの誤送信や添付ファイルの付け忘れなど、それに気づくのは送信してから10分以内のことがほとんどであるらしい。それを過ぎたらそもそも気づかない。そこで最近では、メールを送信したあと、設定した時間（たとえば10分間）はそれを取り消すことができるソフトウェアなどもある。

　もう一つ重要なのはメールを送る相手を選ぶことである。たとえば相手方に代理人がついていない場合には相手方本人に連絡手段としてメールを使うことは避けるべきである。事務連絡程度であればよいが、事務連絡がいつしか交渉になっていき、メールで送った文書の端々について相手方本人がクレームをいってきたり、懲戒請求をしたりする例が見られるからである。メールを送るのは基本的には信頼関係の築ける者に限るべきだろう。

　メールが普及したおかげで、いつでもどこでも連絡がとれるようになった。これは、休日でも、海外にいてもメールに追いかけられるということである。メールのおかげでかえって仕事は忙しくなった。便利になっても楽にはならないのである。

（市川　充）

人は、相手方を怖がらせるのが仕事ですから、怖くないといわれると何をするかわかりません。慎重のうえにも慎重な対応をすべきです。

茶村 私も、倒産事件や交通事故事件で暴力団員にあたったことがありますが、暴力団対策法が施行されてからは、表だって登場してこなくなりましたね。この暴力団員やえせ同和に対しては、毅然とした対応が大切です。少しでも隙を見せるとそこをついてきますから、慢心は禁物ですね。

◆ **精神的問題を抱える相手方**

藍田 精神に問題がある人で苦労した経験はありますか？　どのように対応したのですか？

茶村 認知症の老人に苦労したことがあります。同じ話で何回も事務所に来るのですが、いつも同じ話を延々続けるのです。奥さんに電話をしたこともあるのですが、見放されていました。毎回同じ回答をして帰ってもらっていますが、途中で迷子になって警察から電話が入ったこともあり、事務職員を行かせたりして苦労しています。

白丘 年配の女性の方がアポなしで事務所に来られて、会議室のテーブルにいろいろなものを広げてしまい、なかなか帰ってくれないという話を聞いたことがあります。認知症だそうです。その老人は、家族がいましたから、連絡して引き取ってもらいましたが、もし一人暮らしだったらどうしたらよいのでしょうか。

黒山 粗暴な気質の人に悩まされたことがあります。5年間、電話での怒鳴り声と突然事務所に怒鳴り込んでくることに悩まされましたが、ひたすら耐えました。最後は、警察を呼び、これで来なくなりました。こういう精神に問題がある人に苦労することは、弁護士であればだいたいあるのではないでしょうか。これも弁護士1人で悩まないことが大切ですね。

3 相手方弁護士にどう接するか

◆ **喧嘩した相手方弁護士**

藍田 弁護士数の増大とともに相手方弁護士と緊張関係に立つことも多くなったと思いますが、相手方の弁護士と抜き差しならない関係になった経験が

ありますか？　どのようなことが原因でしたか？
黒山　私がいままでに会った弁護士の中で、記憶に残っている弁護士は、数名います。1人は、不貞関係にある夫の依頼を受けたのですが、妻の代理人弁護士と協議をしたところ、開口一番「不道徳です！　いますぐ相手の女性と別れさせてください。離婚協議はそれからです」といった初老の女性弁護士です。私は、「離婚事件で道徳の議論から始めるのですか？」といいましたら、キッと睨まれました。2人目は、遺産分割事件で、私の依頼者の相続人が兄弟間で仲間はずれにされていたのですが、依頼者の希望を伝えましたら、「あげません！」とものすごい剣幕で怒鳴った弁護士です。自らの依頼者本人よりきつい人でしたね。まだまだ抜き差しならない関係になった弁護士はいますが、この辺にしておきましょう。

白丘　黒山さんは熱血漢なので、喧嘩になるのでしょう（笑）。私が快く思っていない弁護士は、いつも遅刻し、しかも謝りもしない人、提出期限までに裁判官から指定された書類を出さない人、証人尋問で妨害をしてくる人ですね。

茶村　喧嘩まではしませんが、挨拶をしない人も好きではありません。弁護士の中には、修習中に教えられなかったのか、ボス弁がそういう人だったのかは知りませんが、初めての法廷が終わったときにも挨拶をしない人がいます。私が法廷を出たところで名刺入れを出して待っているのに、目の前を知らん顔をして通り過ぎていきます。そんなにとげとげしく仕事をしなくともよいのにと思います。こういうタイプの弁護士については、和解のきっかけを見つけるのに一苦労します。

◆　**一杯食わせた弁護士**

藍田　職務基本規程71条は、弁護士を不利益に陥れる行為を禁止し、同72条は、ほかの弁護士が受任中の事件に対する不当介入を禁止していますが、そのようなことをされた経験はありますか？

茶村　裁判所での和解交渉ですが、毎回金額をつり上げてくるのです。私の依頼者が金員を受ける側で、相手方が金員の支払をする側ですから、通常は金額を下げてくるのですが、なぜか上げてくるのですね。依頼者からは、「な

ぜですか？」と聞かれ、回答に困りました。

白丘 金員の分割支払いの和解が成立する直前で、突如辞任した弁護士がいます。依頼者と意見対立したわけでもなさそうであり、和解期日には、本人が出頭し、「いままでの弁護士がいった金額は反故にしてもらいたい。これから和解をスタートさせる」といって、それまで積み上げた話を全部リセットされました。私は、弁護士が本人と相談したうえで辞任の出来レースをしたのではないかと考えています。

黒山 不当介入についてですが、現在依頼している弁護士を解任したいという相談を何回か受けました。その人が差し出す書類を見ても、その弁護士の技量不足は明らかでしたが、そのまま話すわけにもいきません。「私は、あなたの事件を引き受けてもよいけれども、その前に、あなた自身がいまの先生のところに行ってきちんと辞任の了解を取り付けてください」と答えました。ところが、その人は、私がやりたいといっているので、辞任してほしいと伝えてしまい、その弁護士から抗議されたことがあります。ほかの弁護士が受任中の事件を引き受けるのについては、くれぐれもその依頼者の人物を見極めなければいけませんね。弁護士を解任して途中で変えるという場合、弁護士の側にも問題があるのでしょうが、依頼者の側にも問題があることが多いことは認識しておいた方がよいでしょう。

◆ **こうはなるまいと思った弁護士**

藍田 これまでに話をされた以外で、こうはなるまいと思った弁護士に遭遇したことはありますか？

黒山 30年以上も弁護士をやっていると、実にさまざまな弁護士に会いましたが、準備書面に嘘を書く人、相手を誹謗する人は、何のためにそうするのかと考えると、勝つためには手段を選ぶ必要はないと考えているのでしょう。結局はお金欲しさなのだと思いますね。

白丘 聞いた話ですが、書証の偽造をする弁護士がいるとのことです。詳細は話せませんが、この弁護士は、何のために弁護士になったのかがわかりません。

茶村 上から目線の弁護士に結構遭遇します。俺はこういう著名な仕事をした

Coffee Break ―弁護士の情報管理②

溢れ出る名刺

　弁護士は法律実務を行うと同時に、顧客獲得のための営業活動もしなければならない。名刺は営業活動にとって欠かせないツールである。ある営業マンは顧客あるいは顧客予備軍の名刺の名前と顔、その人の属性を記憶するために何度もその名刺を見返すという話を聞いたことがある。そこまでいかなくても、交換した名刺には日付や場所を書き込む人は少なくない。

　交換した名刺の保管方法も人それぞれである。名刺フォルダーに1枚ずつ保管している人もいるが、最近は名刺管理ソフトで管理する人も多いと聞く。このソフトを利用すると、名刺情報がクラウドに保管されるから、いつでも、どこにいても、人の名前や会社名などで検索ができる。たとえば、相手の会社を訪問した際に担当者以外に何人も面談にきて名刺交換をしたというケースで、その会社を再度訪問した際に、アポを取った担当者の名前は知っているが、それ以外の人の名刺を忘れてしまったなどという場合、スマートフォンで検索できるので便利である。

　私の場合、①事件関係者の名刺、②顧客や顧客予備軍の名刺、③弁護士会の会務で交換する弁護士の名刺に分類する。①は事件ファイルに名刺を貼るか、名刺を並べたものをコピーしてファイルに綴るようにしている。外に出たときも事件ファイルが手元にあれば、名前を確認できる。②は営業上重要なので、顧客名簿に登録して、年賀状や事務所案内などを送るようにする。③は名簿に登録するか、そのまま箱に入れて保管しておくが、箱を開けて見返すことはほとんどない。

　名刺を整理しなければ名刺の量は増えるばかりである。交換した名刺を後日になってみることがないのであれば、名刺を保管しておく意味も少ないことになる。また、時間の経過によって、社内での異動や地位の変動もある。昔の肩書きのままで手紙を出してはかえって失礼になることもある。溢れ出るように増えていく名刺の量をどうやって抑えるのか。それは交換後一定期間経過した名刺は思い切って処分していくということではないだろうか。

（市川　充）

ことがある、俺はこういう著名な弁護士のもとで修行した、俺はこれだけの年収があるという類いです。本当に人間ができた人は、そんなことは決して口に出しません。新人弁護士が金ピカの弁護士バッジを付けていたら、相手方の高齢弁護士から「キミは若いねえ」と馬鹿にされたので、弁護士バッジは裏返しにしていると書いてある雑誌を見たことがありますが、人間として問題なのは、新人弁護士を見下している高齢の弁護士の方ですよ。金ピカの弁護士バッチを裏返して付ける必要はありません。

藍田 そのような弁護士に共通する特徴はあるのでしょうか？

白丘 弁護士の仕事を金儲けの手段と考えている人ですね。金儲けのためならば、何でもするし、またできるのでしょう。

茶村 弁護士は偉いんだと錯覚しているのだと思います。周囲から「先生、先生」と持ち上げられているうちに、習い性になったのでしょう。とても威張っている破産管財人の弁護士にもよく遭遇します。管財人という立場を利用して交渉で威圧的な要求をされた経験があります。裁判所から選任された一般とは違う偉い弁護士なのだという錯覚がそのようにさせているのでしょうが、困ったものです。

黒山 繰り返しになりますが、勝つためには手段を選ばないという人は駄目ですね。勝つために手段を選ぶのがプロフェッションとしての弁護士ですよ。また、弁護士は偉いという人には、そもそも人間としての謙虚さがありませんね。私は、実務修習中に、ある著名な検察官から、取調べ修習を開始するに際し、「被疑者を追い詰めてはいけない。逃げ道を1つ用意しておきなさい」「被疑者は犯罪を犯したということだけの理由で諸君の前に座っている。その被疑者の人格まで否定することはできない」と教えられました。司法修習生だった私たちは、心の底から感動したものです。

◆ **自戒していることは**

藍田 自分が困った弁護士あるいはひどい弁護士といわれないように、常に気をつけていることはありますか？

黒山 私は、先輩に対してはもちろんですが、自分より修習の期が1つでも下の弁護士については、特に気を遣い、ぞんざいな対応を決してしないよう

に戒めています。これは、若い頃の私の体験によるものです。私が弁護士になり立ての頃、ある高名な弁護士が相手になったのですが、対等な弁護士として実に丁寧に私を遇してくれました。人格者とはこのような人をいうのかと感動したのです。

逆に、私の法廷デビューで、法廷が終わった廊下でボス弁が指示した和解案を述べたところ、「あんた若いね。顔を洗って出直しな」といわれたときは、頭に血が上りました。こんな弁護士には絶対になるまいと肝に銘じたのです。

白丘 私は、日々研鑽を積むことですね。ベテランの弁護士が新人弁護士を見下す態度は論外ですが、その新人弁護士の法律知識があまりにお粗末であったことがあるかもしれません。研鑽を怠らないことがベテラン弁護士に馬鹿にされないための方策の1つです。現に若い弁護士が本当によく勉強したあとが認められる理論的に優れた書面を提出してきたときには、心の底から感心しましたね。

茶村 私は、弁護士の友人・知人をたくさん作るように努め、弁護士会の会合、会派の会合にもできる限り出席するようにしています。弁護士どうしの飲み会にもできる限り参加し、自分がどのような位置にあるのかを確認しています。困った弁護士・ひどい弁護士は、唯我独尊の人が多いですね。

◆ **すばらしい弁護士**

藍田 逆に、こんなすばらしい弁護士に遭遇したという経験をお話しください。

茶村 弁護士になり立ての頃、事件の勝ち負けにとらわれず、その事案の真の解決のために何が必要かを探り、実に考え抜かれた和解案を示した弁護士に会ったことがあります。こういう弁護士になろうと思いましたね。私よりはるかに先輩の方ですが、法廷でも私に実に丁寧に対応し、和解の交渉でも、勘所を押さえたすばらしい和解案を示した弁護士でしたね。紳士とはこういう人をいうのかと思いました。

白丘 大変勉強家で、書面などじっくり調べたうえで丁寧に書いてくる弁護士です。それでも知識をひけらかしたり、自慢したり、威張ったりしない人でした。でも、心底尊敬できるすばらしい弁護士にお目にかかるのは、特

別天然記念物のヤンバルクイナに遭遇するくらいの確率ですね（笑）。

黒山　私の先輩ですが、ある損害賠償請求事件で名のとおった弁護士と面会したら、「○○先生なら安心だよ。先生のいうとおりの金額を出しましょう。いくらですか」と聞かれたそうです。その先生は、「困ったね。ふっかけることなどはできなかったよ」と述懐していました。これが本当の大人と大人の勝負なのでしょう。

太田　秀哉

1　事件の相手方とのトラブル

　弁護士は、トラブルの渦中に一方当事者の代理人として関与してくるのであるから、相手方との間でのトラブルは頻繁に発生する。その対処を誤ると弁護士自身が被害者となることもある。

　相手方に弁護士が殺傷されるという事件も発生したことは記憶に新しい。これは、離婚事件で相手方当事者の恨みをかって殺傷されたものである。離婚事件では、当事者は感情的になりやすく、その矛先が弁護士に向けられることになったのである。

　このようなことにならないためにどのようなことを心がけるべきであろうか。

　離婚事件では、準備書面においても、かなり強烈な表現で相手を非難したりすることがまま見られる。もちろん、婚姻を継続しがたいという事情を主張したり、慰謝料を請求するためにはある程度は必要なことであるが、度を越さないことが必要である。特に、依頼者にいわれるままに過激な表現を用いて記載すると、相手方の恨みをかうことになる。離婚という結果を得たとしても、相手方は、怒りの矛先を弁護士に向けてくることになるのである。

　準備書面での主張は、相手方に向けるものではなく、裁判官に対するものであることを忘れず、冷静な表現にとどめることが必要である。依頼者は、相手方が刺激的な表現で非難してくると、それを上回る過激な表現での反論を望むものである。しかし、依頼者には、準備書面は相手方とやりとりをするのではなく、裁判官に対するものであることを理解させ、依頼者のいうままの過激な表現によることのないようにするべきである。

　また、相手方をあまり追い込まないことも大事である。いかに有利であるか

らといって、嵩にかかって相手方を追い込むと恨みをかうことになる。「勝つな負けるな、ほどほどに」という言葉もある。心しておきたい。

2 事件の相手方本人との直接交渉

　相手方に弁護士が選任されている場合、その弁護士と交渉すべきであり、その弁護士を無視して直接相手方本人と交渉してはならない（職務基本規程52条）。これは、一方当事者の代理人が、他方の代理人に無断で、直接相手方本人と交渉すると、相手方が代理人を選任した意味を失わせることになり、相手方を不利益に陥れるおそれがあるからである。また、相手方本人と直接交渉すると、相手方代理人と相手方の信頼関係を壊すおそれがあり、代理人間の信義および公正の精神にもとり、相手方代理人の職務妨害ともなる。

　しかし、実際には相手方本人と直接交渉せざるを得ない事態に直面することがある。

　相手方代理人が問題を起こして懲戒請求をされており、行方がわからなくなってしまったが、緊急に処理が必要な事態が発生した場合である。このようなときには、例外的に相手方本人との直接交渉が許されるとされているが、その際には必要最小限度にとどめることが必要である。そして、事後に相手方代理人にそのことを報告しておくべきである。

　また、相手方本人が依頼者と直接交渉したいと申し入れてくることがある。交通事故などで、被害者が直接加害者から謝罪を受けたいとして、直接の連絡をとることを要求された場合、どのように説得するかである。相手方に弁護士がついていれば、相手方弁護士に連絡して、相手方を説得してもらうことになる。

　相手方に弁護士がついていない場合には、職務基本規程52条の問題ではないが、自己の依頼者、相手方にどのように対応するべきかである。

　謝罪は、弁護士を通じて行うよりも、直接当事者どうしで行うことが必要な場合もあるので、依頼者に直接謝罪した方がいいことを伝え、対応することが考えられる。しかしながら、すでに謝罪が行われている場合や、こうした要求が執拗に続く場合は、代理人として拒絶し、直接依頼者に接触しないように求めるべきである。

3 依頼者と相手方本人との直接交渉

　依頼者が相手方本人と直接交渉したことに関して、次のような懲戒事例がある。

　当事者双方に代理人弁護士が存在するにもかかわらず、依頼者本人と相手方本人が直接交渉することを容認し、依頼者の依頼に基づいて合意書面を作成して提供し、合意成立に至らしめた弁護士の行為について、職務基本規程52条に違反するものではないが、信義に従い、誠実かつ公正に職務を行うとする同規程5条、他の弁護士の名誉と信義を重んずべきとする同規程70条、信義に反して他の弁護士を不利益に陥れてはならないとする同規程71条に違反するとした。

　依頼者が相手方本人と直接交渉しようとすることはしばしば経験することである。このようなケースは後々問題となる可能性を秘めており、弁護士としては、依頼者に対して直接交渉を思いとどまるよう説得すべきである。

4 弁護士と相手方との関係

　相手方に弁護士がついていない場合、弁護士がその相手方本人と交渉するにあたっては留意すべき事項がある。

　たとえば、交通事故の被害者を相手方とする場合、一方的に自分の事務所に呼びつけたり、威圧的な態度で示談を迫るなどの行為を行うことがあってはならない。このような苦情が市民窓口に多く寄せられている。

　さらには、これらの言動により、「脅迫」「威圧」されたとして、懲戒請求にまで至ることもある。弁護士としては、その言動、相手方にあてる文書の表現方法について、十分に検討する必要がある。

Article 2
熱心弁護

髙中　正彦

1　勝つな負けるな、ほどほどに

　30数年前、ある先輩弁護士が「勝つな負けるな、ほどほどに」と教えてくれた。当時は体系だった法曹倫理教育というものは全くなく、先輩弁護士が酒席で語る「私の弁護士倫理」をありがたく拝聴した。弁護士は、依頼者のために最善を尽くさなければならないが、そのことは相手方がどうなっても知ったことではないということにはならないと教えていた。やがて、経験を重ねていくと、その言葉を忠実に実行することはかなり難しいことがわかってきた。依頼者に対する委任契約上の善管注意義務を忠実に履行しようとすると、どうしても相手方にかなりの不利益や損失を与えざるを得ないことがあるためである。また、依頼者に「ほどほどに」などといおうものなら、「私は先生にきちんと着手金を支払って依頼しています。どうして相手方の肩をもつのですか」と食い下がってくる人も多くなった。さらに追い打ちをかけるのが、資金繰りである。今月の事務職員給与と事務所賃料の支払をどうしようかと悩んでいると、「相手方のことなどはどうでもよいではないか」と悪魔がささやくのである。

　ある先輩弁護士は、顧問先のA社の依頼を受けてQ社の主力売掛先に対する売掛債権を差押えたら、Q社は倒産してしまいその社長Pが首をつって自殺したという経験をしたと述懐した。「Q社の債権が焦げつけば顧問のA社も倒産の危機にあったんだが、あまり後味のいいものではなかったね」と述べていた。「To be, or not to be - that is the question.」というハムレットの苦悩は、弁護士にもあてはまるのである。

2　3つの熱心弁護の失敗例

　ところが、最近、依頼者の権利や利益のことだけを考え、相手方の権利や利

益を何ら顧みない行為に出たことによって懲戒処分を受けたり、不法行為責任を追及された例が結構見られるようになった。「すべては依頼者のために！」とのスローガンのもとにひたすら熱心に弁護活動をしたわけであるが、熱心さが空回りしたと評してよいだろう。ここでは3つの例を紹介したい。

①　高松高判平成17・12・8（判時1939号36頁）

　X弁護士は、出会い系サイトで知り合ったQを強姦した嫌疑で逮捕されたAの私選弁護人であるが、Aの取り調べをしているB警察署を訪れて被害者Qの連絡先を聞き出そうとしたところ、拒否された。すると、X弁護士は、翌日もB警察署に行ってQの連絡先を執拗に尋ねたので、警察官がQの了解をとって携帯電話番号を知らせたところ、X弁護士は、夜10時にQに電話かけてこれから謝罪に行く旨を述べた。Qが断ると、X弁護士は、「自宅を探してでも行く」と述べたため、困ったQは、B警察署の警察官に相談し、その警察官から深夜に面会を強要するのは非常識である旨を伝えてもらったが、X弁護士は「わざわざ他県から来ているのに面会に応じないのは人道に反する」などと反論した。そこで、深夜0時に警察官立ち会いのもとにコンビニの駐車場で面会することとなったところ、X弁護士は、「親や他人に知られないように示談したらどうか、長引かせるのは得策ではない」などと述べて強く示談を迫ったが、Qは拒否した。X弁護士は、それでも執拗に示談を迫ったため、立ち会いの警察官が面会を打ち切った。ところが、X弁護士は、翌日午後7時頃、再度Qとの面会を求めたため、B警察署で面会したが、「裁判になると他人に知られる。あなたの両親に会いたい」などと述べて早期の示談を求めた。Qは、このX弁護士の態度に立腹し、自ら弁護士を依頼して示談交渉を断った。すると、X弁護士は、合意の上の性的交渉であったなどとしてQを虚偽告訴罪で告訴した。

　Qは、X弁護士の示談を強要した行為と刑事告訴をした行為は不法行為にあたると主張して慰謝料等として110万円の支払を求める訴訟を提起したが、裁判所は、示談強要行為は、Qの心情を全く理解しない強引かつ一方的なものであって、社会常識に照らして明らかに行き過ぎであるとして90万円の損害賠償を命じた。なお、刑事告訴については、違法性はないとした。

この判例のＸ弁護士は、依頼者であるＡにとってみれば、非の打ち所のない熱血漢弁護士であろう。しかし、強姦の被害者であるＱにしてみれば、精神的ショックに対する心配りなどは全く無視し、自分の依頼者のことだけしか考えない身勝手極まる人間としか映らなかったであろう。Ｘ弁護士をこのように駆り立てたのは、刑事弁護人としての強すぎる使命感なのか、示談交渉に同席していたと認められるＡの母親に対するアピールだったのか、それとも別の理由だったのか。一体何だったのであろう。

②　東京高判平成25・5・8（判時2200号44頁）

Ｘ弁護士は、Ａから、国家公務員の夫Ｂからの暴力を原因とする離婚事件を受任し、Ｂの携帯電話に電話をかけ、夫婦の自宅に来ないこと、来た場合には警察に連絡することを伝えたが、Ｂは、荷物や薬があるとして拒否した。その後、Ａは、自宅玄関ドアにチェーンをかけ自宅に来たＢともめ事となった。これを知らされたＸ弁護士は、Ｂの勤務先であるＰ省Ｑ局に電話をかけ、Ｂが不在と告げられるや上司と話がしたいといって、上司Ｒに対し、「ＢがＡに対して傷害罪と器物損壊罪にあたる犯罪行為を行った。Ｂは10か月前からＤＶを行い、警察も介入している。前日にもＡに暴力を振るい犯罪行為をした。Ｂは公務員であるから犯罪行為をしてはいけない。上司より厳重に指導してもらいたい。警告にもかかわらず暴行などがあれば職場に対してＢの懲戒処分の申立を行う」などと述べた。これを知ったＢがＸ弁護士の懲戒請求をしたところ、Ｘ弁護士は、Ｂだけでなく、上司Ｒについても懲戒処分を求める申告書を提出した。

Ｘ弁護士のこれらの行為につき、所属弁護士会は業務停止２月の懲戒処分を行ったが、審査請求棄却裁決に対する取消訴訟でも、上司への通告行為はＢの名誉・信用を毀損し、懲戒処分を求めた行為もＢとＲの名誉・信用を毀損し、弁護士の執務として著しく相当性を欠くとされた。

この判例におけるＸ弁護士の行動を見ると、依頼者Ａの言い分を100％信用し、それを所与の前提とした行動をがむしゃらにとっている。立ち止まって冷静に考えることをしなかったのは、Ｘ弁護士の一途な性格に由来しているのだろうか。司法修習では「依頼者の言い分を虚心坦懐に聞きなさい」と教えられ

るが、それは「依頼者が言っていることはすべて正しいと思いなさい」という意味ではないはずである。

③ 東京高判平成25・10・30（判時2232号19頁）

　X弁護士は、A夫婦から、近隣居住者Qとの近隣トラブル、嫌がらせに関する相談を受け、Qに対して嫌がらせ行為に抗議する内容証明郵便を2回にわたって送付したが、Qからは事実に反する旨の電話を受けたため、Qの勤務先に対して「当職から添付の内容証明郵便を送付し、A夫婦が防犯カメラを設置するなどしてQの不法行為を防止している状況です。しかし、Qは、これらのことを逆恨みし、W警察署にクレームを出し、A夫婦がW警察署から本件に関する不当な質問等を受ける事態になっています。これらの事実は、Q個人だけでなく、公共的企業である御社の従業員として問題ある行動であることは明白ですので、Qへの指導監督その他必要な対応をしていただくよう、要望いたします」と記載した通知書を送付した。

　X弁護士のQの勤務先に対する通知書送付行為につき、所属弁護士会は戒告の懲戒処分を行い、審査請求棄却裁決の取消しを求める上記訴訟でも、弁護士として不適切な行為であり、品位を失うべき非行にあたるとされた。

　Qの勤務先は判決文からは不明であるが、おそらく巨大な公共事業会社なのであろう。しかし、Qの私行を指導監督する権利も義務もないことは誰が考えても明白である。A夫婦の困り果てた姿を見てついつい義侠心が生じたのであろうか。

3　弁護士の公益配慮義務

　加藤新太郎教授は、プロフェッションとしての弁護士には公益的責務があり、相手方を含む第三者の利益を侵害しないように配慮する義務があると述べ、その実定法上の根拠を弁護士法1条2項の誠実義務に求めている。そして、依頼者の利益と相手方の利益を並列的に置くことはできず、そこには濃淡ないし比重の軽重が内包しているとして、この第三者の利益に配慮する義務を、公益配慮義務または一般的法益侵害回避義務と呼ぶことを提唱している（加藤新太郎『コモン・ベーシック弁護士倫理』（有斐閣、2006）150頁）。

　職務基本規程には、この第三者の利益を侵害しないように配慮する義務な

いし公益配慮義務を正面から規定した条項はない。しかし、弁護士は、依頼者利益の最大化のみに腐心すればよく、そのために相手方の権利や利益は一顧だにする必要がないと断言してはばからない弁護士にお目にかかったことはない。いつか、そのような見解を何のためらいもなく堂々と述べる弁護士が出てきたら（すでにいるのかもしれない）、弁護士という職業の本質は何か、何のために弁護士という職を選択したか、ぜひ聞いてみたいと思っている。

クレーマー対処法

太田　秀哉

　トラブルの処理を扱っている弁護士であれば、クレーマーを相手にすることは多く経験するはずである。その対処に苦労することは多く、対応を誤れば依頼者にも迷惑をかけるばかりか、弁護士自身が懲戒請求されることもある。
　ここでは、クレーマーに対してどのように対処すべきなのかを考えることにする。

1 クレーマーのタイプ

　クレーマーには、大きく分けて2つのタイプがある。1つは、クレームの原因に一応の理由がある場合であり、もう1つは、全く理由がないにもかかわらず、クレームをつける場合である。
　クレームの原因に一応の理由がある場合とは、依頼者や弁護士自身が何らかのミス（といってもそれ自体は実際にはほとんど問題にならないようなものである）をしてしまっている場合である。
　このような場合、クレーマーにも一応の理由があるので、クレーマーに対応する際に、弁護士としても立場が弱いと考え、そのことがクレーマーに対する対応を難しくしてしまっていることがある。
　他方、全く理由がなくクレームをつけてくる場合には、クレームの理由がないのであるから拒絶するのは当然であり、その対応はより容易であると考えやすい。
　しかし、クレーマーに一応の理由があるといっても、先に述べたようにその理由は通常であればほとんど問題とならないものであるから、対処法を考えるうえでは、同様に考えてよいであろう。

2 クレーマーへの対処法

　クレーマーへの対処法の基本は、「毅然とした対応をする」ことである。先ほどの、クレームに一応の理由がある場合には、その内容をよく聞いたうえで、そのことについては、きちんと謝罪をすることである。謝罪をしないで、そのことをあいまいなままその後に臨むと、相手は、何回でもそのことを持ち出し、クレームをつけてくることになる。

　毅然とした対応をする前提として、相手の言い分についてはできる限りよく聞くことである。どんなに理不尽で根拠のないものであっても、最初から話をさえぎって、相手方に理由がないことを主張して要求を拒絶するというような対応をとれば、相手をますますエスカレートさせるだけである。

　他方、クレーマーは、どれだけ話を聞いてもそれで満足することはないので、十分に話を聞いたと判断したら、これに対してきちんと見解を述べ、対応を打ち切ることが必要である。長く話を聞けばよいというものではない。

　その後も同じ内容で電話がくることがあるが、その場合、同じ内容の話であれば、内容を確認して電話を切ることである。

　クレーマーとの面談は、事務所で行うことは避けるべきである。事務所で行うと相手が帰らない場合に対応に苦慮することになるし、面談室で1対1で会うことは危険が伴うこともある。

　面談の場所は、喫茶店などの外部を指定することが安全である。

　クレーマーに対して、要求を拒絶し続けていると、クレーマーは、依頼者に直接連絡をしたり、依頼者のところに乗り込んでくることがある。弁護士としては、このような事態を予想し、あらかじめ、依頼者には、クレーマーから直接連絡があった場合には、弁護士に依頼しているので、話はできないと断るように伝えておくことである。

　また、依頼者のところに乗り込んできた場合にも、面談しないように指示し、要求しても退去しないときは、警察に連絡するよう伝えておくことである。

　このような架電や面談の強要が繰り返された場合には、その内容を記録しておき、内容証明で架電や面談の強要を止めるよう求めるとともに、架電禁止・

面談禁止の仮処分決定をとることが考えられる。裁判所の仮処分に反した行動をクレーマーがとった場合には、警察もより積極的に対応をしてくれる。

3 弁護士会の対応

　クレーマーの対応で、相手の行動が弁護士業務の妨害にまで及び、また、クレーマーの行動で、身の危険を感じるようなケースでは、自分1人で対応せずに、ほかからの援助を受けることも考えるべきである。現在ほとんどの弁護士会において、弁護士業務妨害対策委員会が設置され、業務妨害を受けた弁護士を支援する制度などを中心とした弁護士をサポートする体制が整備されている。

　クレーマーには、複数の弁護士で対応することが効果的な場合があり、知り合いの弁護士に援助を受けたり、弁護士会に相談して対応することである。クレーマーに対する対応は弁護士の仕事であるとして、1人で無理に対応していると弁護士自身に危害が及ぶこともあり得るので、無理をしないよう留意することが必要である。

4 危機管理

　クレーマーの中には事務所に乗り込んできて、危害を及ぼす場合がある。最近のビルではセキュリティが行き届いており、ビルの入り口でインターフォンで訪問する部屋を呼び出し、入り口のドアの施錠を開錠してもらって入室するというものもある。こうしたセキュリティが完備していれば、危険なクレーマーに対しても安心である。

　このようなセキュリティが完備していなくても、危険なクレーマーを相手にしなければならないときは、少し不便でも、事務所のドアの施錠を怠らないようにして、インターフォンで来客を確認することが必要である。

Article 4
『ブレダの開城』
―相手方弁護士との接し方―

山田　正記

1　相手方弁護士との接し方

　私は、30年ほど弁護士をしているが、幸いなことにこれまでのところ、自らが当事者となって相手方弁護士を訴えたりあるいは訴えられたりした経験はない。

　これまで数多くの弁護士を相手にしたが、すべてが礼儀正しいジェントルマンであったり、レディであったりしたかというと必ずしもそうとはいえないケースもあったが、それでも危機的な場面にまで至ることはなかった。

　私と同程度の経験を積んだ弁護士どうしであれば、初めて法廷で相対した場合には、弁論手続終了後廊下でお互いの名刺を交換して、挨拶するのが普通であった。しかし、最近は、そのような習慣がないのか、そのまま言葉をかわすこともなく退席する例が増えているような気がする。

　依頼者に対するパフォーマンスという面もあるかもしれないがいたずらに対立関係を際立たせるのはどうかと思う。弁護士どうしは、ある意味でトラブルを異なった立場から解決する同伴者だともいえるので、緊張感を保ちつつも礼儀をもって接するべきではなかろうか。相手方に弁護士がつかない本人訴訟がどれだけ難儀なものかは、弁護士であれば誰しも体験していることではなかろうか。

2　相手方弁護士とのトラブル事例　その1

　『弁護士懲戒事件議決例集（第13集）』（日弁連、2011）に以下のような事例が掲載されている。

　Y弁護士は、A社を債務者とする破産申立事件において、A社の代理人と

して、裁判所に提出した書面の中で、X弁護士の氏名を具体的に摘示したうえで、「X弁護士が代理人を辞すれば、いつでも全額支払う用意はある。」などと記載した。

これについて、職務基本規程71条の「弁護士は、信義に反して他の弁護士等を不利益に陥れてはならない。」と定めているが、それに該当し弁護士としての品位を害するとして懲戒審査相当との判断をしている。

判断に至る理由の中で、議決書は次のように述べている。「(弁護士職務基本規程71条の規定でいう)「信義」とは、不利益を受けた弁護士が抱く主観的な信義ではなく、自由、独立、品位を重んじ、忠実かつ公正に職務を行うべき弁護士職として要求される客観的な信義であるとされている。また、本条は他の弁護士等を不利益に陥れても自己又は依頼者の立場を有利にしようと謀る弁護士が増えることのないようにする趣旨とされているが、本条の適用に当たっては、他の弁護士を「不利益に陥れる」という積極的な意図又は目的があったかどうかは必ずしも要件とはならず、結果として「不利益に陥れる」危険性があり、そのことについて行為者に予見可能性があれば足りるものと解すべきである。」「本件記載は、依頼者との関係においても、その名誉及び信用を著しく害するものである。……弁護士は、一般的に依頼者の意見を尊重して職務を行うものであるにしても、準備書面において相手方本人でなくその代理人の作為・不作為を給付等の条件にすることを主張することは、それ自体が不当であり」としている。

上記事例は、弁護士に対し、専門家として節度をもって対応すべきことを強く示唆している。弁護士人口が増える中で、ともすれば、依頼者の意向に過剰に迎合しようとする弁護士が出現することへの警鐘といえよう。

弁護士は、紛争の処理にあたっては、依頼者にとって最善の利益を図りつつ、それが相手方にとっても受け入れられるものであることに留意しつつことにあたるべきである。裁判にせよ、交渉にせよ、決して勝ち負けにこだわってはならないことが肝要である。

私の恩師である弁護士は、絵が好きで事務所に何枚か絵を飾っていたが、その中にベラスケスの『ブレダの開城』の模写があった。これは、勝利を収めた

スペインの将軍が敵のオランダの敗将を抱きしめ、尊敬の態度を示したものである。この心構えを忘れてはならないと思う。

3 相手方弁護士とのトラブル事例　その2

同じく『弁護士懲戒事件議決例集（第16集）』（日弁連、2014）に以下のような事例が掲載されている。

X弁護士は、A社の訴訟代理人として一審を担当し、裁判所から和解の勧試がされたが、A社の代表者は、同社が相手方に金銭を支払う内容で和解することに消極的で、最終的に拒否し、判決が言い渡された。

その少し前にA社の代表者は、訴訟について別のY弁護士に法律相談をし、控訴審では、Y弁護士に委任をし、Y弁護士が訴訟代理人となった。

その後X弁護士は、A社を被告とし、報酬請求訴訟を提起し、その訴訟においてもY弁護士は、A社の委任を受けて訴訟代理人となった。Y弁護士は、X弁護士から訴訟記録の引渡しがないため、裁判所において訴訟記録を謄写した。

X弁護士は、Y弁護士を相手に、受任事件への不当介入などを理由として弁護士会に懲戒の申立てをしたが、懲戒不相当となった。これに対しY弁護士はX弁護士を相手どり、X弁護士の懲戒申立は、懲戒請求権の濫用であるとして、弁護士会に懲戒の申立てをし、それが認められ、X弁護士は戒告となった。という経緯をたどったものである。

これに不服なX弁護士が審査請求を求めたが、日弁連懲戒委員会は、これを認めなかったものである。

依頼者がほかの弁護士にセカンド・オピニオンを求めるのは、依頼者の当然の権利だと解されている。依頼者の求めに応じて、セカンド・オピニオンを述べることは、ほかの弁護士に対する不利益にはあたらないし、その意見に従って依頼者が、控訴審で、別の弁護士に事件を委任したからといって、その受任した弁護士が事件への不当介入となるわけではない。

弁護士が増加し、依頼者の弁護士へのアクセスも容易になったことにより、依頼者の側で弁護士の選択の自由が増している。弁護士は法律知識について

の研鑽を積むのは当然であるが、依頼者の意向を十分くみ取って解決への努力を尽すことが、いままで以上に求められているといえる。そして残念ながら依頼者の意向に沿うことができず、依頼者が離れていった場合には、辛いことではあるが、誠実に事後処理をする潔さが求められているのではなかろうか。今後このような類の事例は増加することが予想されるので自戒としたい。

Coffee Break ──弁護士の情報管理③

記録との闘い

　弁護士の事件処理には記録がつきものであり、事件処理をするごとに記録は増え続ける。裁判所に係属する事件に関しては訴状、答弁書、準備書面といった事件記録はすべて紙ベースで行われるから、紙の事件記録は増え続けることになる。

　事件記録は、機密性、プライバシー性の高いものであるから、記録の内容が外に漏れることがあれば懲戒処分になることもある。個人情報を含めた、情報に関する社会の関心の高まりも背景にある。事件記録の入ったカバンを酔って電車に忘れてきた、事件の裏紙を使ってコピーをしてそれをほかの事件の依頼者に交付したなど、記録管理が杜撰で懲戒された例は少なくない。裁判所に行くとき以外は記録は事務所の外に持ち出さないのが望ましい。休日に自宅で仕事する場合で事件記録を持ち帰るときでも夜の会合などがあるときは記録は事務所に置いて帰るべきである。

　最近は、紙ベースの記録ではなく、自身の作成した準備書面などはWordや一太郎ファイルで、相手方からの記録はPDFファイルにして、USBメモリなど携帯できる記録媒体に保存したり、クラウドサービスを利用したりする場合も多い。記録媒体の場合は紛失したりするリスクは紙ベースと同じであるし、クラウドサービスの場合は、セキュリティが脆弱で第三者によるアクセスが容易であれば、そのリスクは紙よりも高いことになる。しかも、データの場合は大量のコピーが瞬時に可能であり、コピーの痕跡がわかりにくいのでいっそうの注意が求められる。いずれにしても、最低限、パスワードをかけたり、セキュリティがしっかりした先を選定したりするなどしないと、責任が問われることになる。記録の管理は本当に厄介である。

　終了した事件の記録の保管方法で悩む弁護士も少なくない。はじめのうちは、そのまま事務所に保管するとしても、いずれは保管場所に困ることになる。そこで、終了した事件記録を整理して、記録に優先順位をつけて順位の

低いものから廃棄していく。記録を、雑書類、書証、主張、裁判所の決定などと分類している場合は、その順で廃棄していく。あとでその事件について何か問い合わせなどがあることを心配すると廃棄はなかなかできない。記録をすべてPDFファイルにして、自身のハードディスクに保存しておくという人もいる。廃棄はしないで外部の保管業者に保管を依頼する人もいる。とはいえ、以前やった記録を見直すというのは類似の事件をやる場合を除けば（この場合は自身が起案した文書がWordファイルなどデータで残っていれば概ね足りる）、もとの依頼者や相手方などから問合せがあるということはほとんどないから、割り切りが必要であるように思う。

　廃棄する場合も、事務職員にシュレッダーさせる、外部業者に廃棄（溶解）させるなどさまざまである。いずれの場合でも、裏紙を再利用して別の依頼者に交付するなどということがないようにしなければならない。弁護士は事件が終わっても記録の管理と闘っていかなくてはならないのである。

（市川　充）

第3章

「裁判」の経験学

Introduction

　弁護士の活動領域が大きく拡大し、また専門化の進展も著しい。企業や行政庁に籍を置く組織内弁護士は、その数を増やし続けているし、大規模事務所を中心として、専門化が著しく進展している。しかし、そうはいっても、裁判所は、いまも多くの弁護士にとって日常の活動の場所であり、裁判外の仕事に従事するときでも、抱えている案件が裁判になったらどうなるかを念頭において法的処理を進めるのが常である。司法研修所での法曹養成教育が「裁判」を中核にしてカリキュラムを組んでいるのも、このような考えからであろう。

　現在、新人・若手弁護士に向けて実に多くの裁判実務の入門書や手引書が裁判官や弁護士の手によって出版されている。どれも斬新な切り口から叙述されていると感じるが、一部には、かなり高度で万人向けとは思えないものもある。このような新刊の洪水の中で、どれを選択してよいものか悩んでいる人もいるのではないかと推察する。

　本章では、6名の弁護士の経験を豊富に載せている点がほかの入門書などとは大いに違っているところではないかと考えている。まず、Discussion（座談会）では、各種書面の作成にあたっての経験談、証拠提出と証人尋問の経験談、和解の経験談を豊富に載せている。また、Article（論考）として、「小さな誤記と大きな代償」「尋問リハーサル」「和解の落とし穴」の3本を掲載した。

　ひと味違う裁判実務のノウハウ集としてぜひ活用していただきたいと思う。

（髙中　正彦）

● **Discussion** ●
裁判をめぐって

1　各種書面の作成にあたって

◆ 訴状の記載範囲

藍田　訴状を作成する際、どこまで詳しく間接事実を記載していますか？　また、被告側の反論を予想してどこまでの事実を記載していますか？

黒山　私は、骨と皮だけの訴状は、あまり作りません。ただ、請求の原因についての記載が要件事実の列挙を度外視して、どれが主要事実でどれが間接事実かがわからないようなものとなれば、相手方弁護士ばかりでなく裁判官からも法廷で厳しく質問されることがありますから、間接事実は、できる限り別の項目で記載するようにしています。

白丘　所有権に基づく妨害排除請求で、所有・占有・よって書きの訴状は、やはり争点が見えないと思います。法的紛争は、人間の営みにかかわるのですから、訴状を見ただけで、どういう紛争なのかがわかるようにしないと円滑な審理ができませんね。原告の場合は、請求内容を早期に実現するという要請がありますが、他方で相手方がどのような主張をするのか、どのような手持ち証拠があるのかがわからないので、相手方の争い方がわからない段階ではこちらの手の内を見せないというやり方もあります。要するに、事案によって異なるということです。

茶村　私は、たとえば、交通事故による損害賠償請求の訴状では、過失相殺を先行自白したうえで、損害額を算定しています。別冊判例タイムズ38号の「民事交通訴訟の過失相殺率の認定基準（全訂5版）」（2014）の該当ケースを依頼者に示し、どんなに有利な判決となってもこれ以上は無理だという過失割合で損害額を計算します。その分貼用印紙の額も少なくて済みます。

　　　かなり前のことですが、死亡事故について、自賠責保険の被害者請求をしないままに訴訟を提起した弁護士が法廷で裁判官にずいぶん嫌みをいわ

れていたのを思い出します。結局は、高額な着手金欲しさにそうしていたのでしょう。

藍田 訴状の記載内容についてヒヤリハットの経験はありますか？

白丘 それは何といっても誤字脱字でしょう。ほかの書面についてもいえるのですが、ワープロになって、一般的に文章が長くなっているように思いますし、変換ミスという類型のミスが出てきました。私も、ディスプレイでミスをチェックするだけでなく、紙にプリントアウトしてチェックしています。やはり紙に印字してみないと、誤字脱字を完全になくせませんね。また、複雑な計算がある訴状については、事務職員に検算をしてもらっています。もちろん、誤字脱字のダブルチェックもしてもらっています。

茶村 私の知り合いに、プリントアウトした紙を声に出して読むという人がいます。裁判官は、判決書について、書記官のチェックを複数入れるようにしていると聞いたことがありますが、それでもごくたまに誤記がありますから、パーフェクトな文書は、はなから諦めた方がよいのかもしれません。

黒山 私は、白丘さんと一緒ですね。やはり紙に印刷してみないと駄目です。ただ、急いで提出する必要のある書面については、どうしてもチェックが疎かになってきます。誤字脱字は、どんなに優秀な人でも避けられないようですが、少しでも減らしたいものですね。

◆ **答弁書の記載範囲**

藍田 答弁書について、どこまで詳しく認否を記載することにしていますか？ もちろん、答弁書提出期限ぎりぎりに依頼してきた場合には、請求の趣旨に対する答弁のみ記載し、請求の原因については追って答弁するとしますが、そこそこの時間的余裕があるときの質問です。

茶村 仮に提出期限までに3週間ほどの時間的余裕があったとしても、請求の原因に対する答弁は、慎重にするようにしています。いったん認めてしまうと、自白の撤回はなかなか大変だからです。

白丘 私は、原告代理人がどのような人かを見極めてから、請求の原因に対する答弁をしています。弁護士の中には、揚げ足とりを得意とする人もおり、

そのような人にあたった場合は、請求原因に対する答弁の記載も揚げ足をとられないように注意します。早期に争点を明確化するために、請求の原因に対する認否のほか、被告の主張もできる限り記載すべきだという人もいますが、それは事案の全体を早期に把握したいという裁判官的な発想からくるものだと思います。ただ、弁護士としては相手方がどのような証拠をもっているのか、どのような法律構成で組み立ててくるのか不明な場合は、こちらの手の内を早い段階で見せてしまうのは訴訟戦略上あとで不利になると思います。私の場合は、被告の主張を書くのは訴訟の展開の予測を立ててからですね。

黒山 私は、請求の原因に対する答弁は、よほど長い文章の訴状でない限りは、原則として記載するようにしています。裁判官に早く争点が何かを認識してもらう方がよいと考えるためです。もちろん、依頼者から1つの事実ごとに慎重に確認していきます。

◆ **準備書面作成上の注意点**

藍田 準備書面を作成するときに、どのような点に注意をしていますか？

黒山 私は地方裁判所の専門部調停委員をしているのですが、30枚を超えるような膨大な準備書面に接することがあります。膨大な準備書面は、依頼者のいっていることを整理せずに冗長に記載しているものもあれば、関係しそうな判例すべてを長々と引用しているものまで、実にさまざまです。しかし、10枚を超えるような準備書面は、申し訳ないのですが、あまり読む気がしません。見出しもなく、番号のみを申し訳なさそうに付けて、長々と同じようなことを繰り返す書面には、辟易とします。準備書面は、誰に向けてのものかという視点が欠落しているのではないかと思います。おそらく、依頼者向け、もっといえば報酬目的の書面なのでしょう。

　そこで、私は、準備書面は、長くとも10枚以内とし、それ以上の枚数になりそうな複雑な事件については、同一の提出日付で、論点ごとの準備書面を複数提出するようにしています。また、効果的な見出しを置くことにも細心の注意を払っています。

白丘 私も、見出しについては、裁判官が見たときにこれが書いてあるのだと

いうことがすぐわかるように記載しています。なお、細かいポイントで印字する人がいますが、読みやすさからいえば、12ポイントでしょう。

茶村　最近、重要な部分をゴチック体にしたり、アンダーラインを引いたりする準備書面を見ますが、私は、古いタイプなのか、あまりしっくりこないのです。それよりも、裁判官が読みやすい体裁、理解しやすい文体で記載することの方がはるかに大切なように思います。

藍田　準備書面でヒヤリハットの経験はありますか？

茶村　準備書面を推敲して改訂を重ねていったときに、裁判所に提出した書面と相手方弁護士に送付した書面とが違ったことがありました。法廷での話がかみ合わなかったのでおかしいと思ったのですが、違うバージョンのものを送っていたのです。

黒山　ヒヤリハットは、繰り返しになりますが、やはり誤字脱字ですね。

白丘　準備書面の提出期限の遵守ですね。この提出期限の指定が始まった頃、期限内に提出しなかったからといってペナルティはないのだからと高をくくっていたところ、裁判官から法廷で厳しく注意されました。それ以後、提出期限は厳格に守っています。

◆　問題の書面

藍田　最近目にしたこれはひどいと思った訴状や準備書面は、どのようなものでしたか？

白丘　昔から目にしていたのですが、敵意むき出しの書面ですね。名誉毀損とはいいませんが、「このような稚拙な法的解釈は法律家としてはあり得ない」とか「よく考えれば、通るはずがない稚拙な主張である」「あまりにも荒唐無稽の主張である」などという威勢のよいというか喧嘩腰の準備書面をもらったことがあります。その弁護士の戦闘的な性格に由来するのでしょうか。こういう書面を拍手喝采する依頼者がいたとすると、その依頼者の底の浅さが見えますね。

黒山　依頼者を意識した膨大な書面です。関係しそうな判例の全文のデータをコピー・アンド・ペーストして転載し、また、自分に有利に援用できる学説も全文を記載した準備書面をもらったことがあります。まるで「注釈民

法」1冊をもらったような気持ちになりました（笑）。論点が多く、また事実関係も複雑極まる事件では膨大な準備書面もやむを得ないと思いますが、私が読んでも、ひたすら冗長なのですね。こういう書面を書く弁護士の本心は、おそらく弁護士報酬のためでしょう。また、法廷で、まるで歌舞伎役者のように傍聴席に向かって大きな声を出す弁護士がいますが、同

Coffee Break ─弁護士界のルール①

オートロック

　最近のマンションの多くはオートロックになっている。オートロックは、マンションの防犯上最も適したシステムである。しかし、われわれ弁護士にとって、オートロックは被告の所在調査には厄介な代物になる。

　被告に訴状と呼出状が送達されないと、裁判所から被告の所在調査を命ぜられる。その調査のために現地に赴くことになるが、オートロックのため、マンションに入ることができない。1階にあるインターフォンで被告の部屋番号を押し呼び出しても、仮に部屋にいたとしても対応はしてくれない。そのマンションの住民が入るのを待ってその住民と一緒に入ろうものなら、住居侵入罪に問われる。

　結局は何の調査もできず、公示送達の申立ても付郵便送達の申立てもできないことになる。

　オートロックでなければ、直接部屋を尋ねることができる。仮に留守であったとしてもドアに名刺を挟んでおくこともできる。また、電気メーターが回っているとか、ガス、水道の使用の有無の調査も可能である。さらに、運良く隣の人がいれば、その隣の人に部屋の使用状況を尋ねることもできるのである。

　オートロックのマンションの場合の調査方法、調査範囲について裁判所にも対応を検討してもらいたいものである。

（山下　善久）

じだと思います。私は、準備書面は、あくまでも裁判官に読んでもらう書面だと考えています。傍聴席に向かって声を出すのは、「後ろ向き弁論」「観客向け弁論」というべきでしょう。テレビの法廷ドラマが私の目の前で再演されているようでしたね（笑）。

茶村 びっくりしたのは、まだB4版の袋とじで書面を作成していた頃、ほかの事件で使われた書面の裏面に印字した書面をもらったことがありました。経費節約といっても、限度がありますよ。いまだったら、守秘義務違反かプライバシー侵害で懲戒ものだと思います。

◆ **依頼者からの聞き取り**

藍田 依頼者等からの事実関係の聞き取りは、どのような点に注意していますか？　離婚事件を例にとってお願いしたいと思います。

茶村 依頼者に対し、あらかじめ経過を記載した書面を作成してもらっています。便せん10枚程度にまとめてほしいと伝え、それを読んでから打合せをします。

白丘 弁護士が質問していく方法は、重要な事実が漏れてしまうおそれがありますから、語るだけ語ってもらいます。民法に規定する離婚原因があるかというような法律的観点が基礎にありませんから、時間がかかりますが、その点は、我慢することにしています。

黒山 司法研修所でも、依頼者のいうことを丁寧に聞き、話を遮ってはならないと教えられましたが、離婚事件の依頼者の打合せでは、「離婚原因を話してください」と尋ねても、「どこから話せばいいのですか」と逆に質問されます。私は、弁護士の適切なリードがなければ、肝心の事実が出てこないこともあると思います。私の場合は、できる限り依頼者に自由に話してもらうのを基本にしつつ、要所要所では、話の方向をリードします。昔、やたらに人の名前が出てわけのわからない話を20分間ひたすら聞いていたら、「そういう経緯で先生を知りました」ということがあり、ガックリしたことがあります（笑）。

藍田 メモはどのようにとっていますか？

茶村 先ほどいった依頼者が書いてきた文書に書き込む方法でメモしています。

白丘　メモは最小限にします。メモとりに集中してしまうと、大局を見失うことがあります。聞き取り後に調停申立書や訴状を作成するときは、もう一度打合せをします。

　　依頼者から事情聴取のメモとりが難しいのは、講演や学生時代の授業のノートとりとは違って、話し手が理路整然とは話してくれずあっちに行ったりこっちに来たりし、いま何の話をしているかがわからず、これから何を話すかが予測できないことが多いからです。1回の聞き取りで完璧なメモをとるのが難しいのは、この点にあります。結局は、依頼者の語るたくさんのエピソードをメモし、全体の流れは、話を聞いたあとに確認してまとめるようにしています。

黒山　司法研修所ではメモは最小限にしなさいと教えられたように記憶していますが、私は、ただ聞いていただけではその後の書面化ができなくなりますから、要点と思われるところをメモします。メモをとるのが大変なときは、依頼者の話をいったん中断してもらうようにしています。

◆　依頼者の書面内容への関与

藍田　準備書面の内容を依頼者にチェックしてもらうことはしていますか？

黒山　場合によりますね。事実関係が複雑でそれが争点となっているとき、依頼者のこれまでの説明があまり上手ではないときなどには、原案を依頼者に送ってチェックしてもらいます。また、細部にこだわる依頼者については、書面のチェックをしてもらうことによって、あとで間違えたことを勝手に書いたなどといわれないようにすることもあります。

白丘　私も、事実関係を主張する書面については、依頼者に案を送って読んでもらい、了解を得るのを原則としています。法律論を主張する書面でも、事実のあてはめがあるものは、同じようにしています。準備書面は、裁判所に宛てた文書ですが、依頼者の意向を無視してよいはずがありません。

茶村　私は、書面の案を依頼者に送って点検してもらうことはあまりしていません。間違っているところがあったり、不足していることがあれば、次の書面で補充します。

2　証拠提出と証人尋問にあたって

◆　**書証提出の注意点**

藍田　訴訟をしていると、およそ関連しそうな書証はすべて提出する弁護士がいますが、書証の提出について工夫していることはありますか？

黒山　書証の番号の付け方に気をつけています。たとえば、甲第3号証の1の2の3というような孫番号・ひ孫番号は極力付けないようにします。証人尋問の際の引用に面倒だからです。また、当然のことですが、立証事実との関係にも気を配ります。しかし、裁判官は、争いのある事実の証拠をあらかじめすべて検証しているわけではないので、書証を絞り込むことは慎重にしています。

茶村　私は、パッケージとなっている書証は、枝番号を付けますね。内容証明郵便とその配達証明書はもちろんですが、戸籍謄本も家族グループに分け、枝番号を振っていきますね。書証は、この番号付けで工夫することにより、あまり意味のないものを排除することができますね。ただ、私も、黒山さんと同じように、書証をできる限り絞り込もうとはしません。裁判官は、私が意味がないと思い込んでいる書証を実は見たがっているかもしれないからです。

白丘　色が問題となる書類については、カラーコピーの活用をしています。たとえば、カラー写真をモノクロにしてしまうとイメージがかなり変わりますから、カラーコピーで提出します。しかし、契約書の朱肉部分はカラーである必要もありませんから、モノクロで提出しています。

藍田　相手方からの書証の提出に関して、過去に問題だと思ったことはありましたか？　それは、どのようなことでしたか？

白丘　契約書のバージョンが変わっているのに、古いバージョンのものを書証で提出されたことがありました。古いバージョンでは相手方に不利益な記載がなかったため、これをあえて提出したものと思います。私が法廷でこれを指摘しましたら、その次の期日で「間違えていました」といって最新バージョンの契約書を出してきたのですが、本当に間違えたのかどうか疑問に感じています。

● **Discussion** ● 裁判をめぐって

黒山　コンピュータソフトの納入がなされたかどうかが争点の事件で、私がソフト開発と納入に関与した元社員から聞き取り調査をした際のやりとりがその元社員によって無断録音され、相手方の弁護士から、その反訳文書が出てきたことがありました。これには本当に驚きました。内部での打合せをした際に、私が「そういうことだとすると、これは納入されているかもしれないな」と発言したことが反訳文書に記載されており、その弁護士は「あなたも不利であることは認めているではないか」と私に迫ったのです。どうしてその反訳文書が相手方の弁護士のもとに届けられたのかも不思議でしたが、そのような人格権を侵害する形で取得した文書を平然と差し出した弁護士にも驚愕しました。訴訟は勝たなければ意味がないというのでしょうが、戦争ですら毒ガスと細菌兵器の使用は禁止されています。アメリカでは弁護士依頼者間秘匿特権により、証拠になるものではないと思いますが、わが国では証拠提出ルールが全くないということの例ですね。

茶村　カラーコピーによる書証なのですが、最近は精度が一段と向上しており、カラーコピーを原本として提出しましたら、相手方弁護士が本当の原本と勘違いした答弁をしたので、「それはコピーですよ」といったことがありました。カラーコピーの悪用も考えられるようになったと思いました。原本の確認をしっかりしておかないと、狡猾な依頼者に騙されかねませんね。

◆ 陳 述 書

藍田　陳述書は、どのように作成していますか？　また、特に工夫していることはありますか？

黒山　陳述書については、まず私が原案を書いて、それを本人にチェックしてもらう方法が原則です。不明な点は、ブランクにしておき、適宜補充してもらいます。複雑な事件のときは、私と依頼者の間を二往復します。いまはメール添付で送れますから、便利ですね。

白丘　私も、聞き取った事実を私が整理して原案を作成し、本人にチェックしてもらう方法です。なお、陳述書についても、見出しを工夫して読みやすくしています。陳述書を作成することは、本人の記憶の整理になることはもちろんですが、弁護士にとっても、事実関係を再確認し、不明な点や見

落としていた点をチェックするために非常に役立ちますね。
茶村　陳述書は、反対尋問の対象となりますから、誤字脱字はもちろんのこと、筋が通っているかどうかも念入りに確認します。論理矛盾があったりすれば、それだけで自滅してしまいます。また、法廷では些細な誤字や記載ミスを長々と追及してくる弁護士がいますから、そんなことになると、依頼者の信用にもかかわります。

藍田　陳述書をどのように活用していますか？

茶村　陳述書のそもそもの目的である主尋問の省力化に使います。昔は、証人の経歴や問題の事件が起こった経過などを長々質問しましたが、いまでは「陳述書のとおりですか」で終わりです。裁判官に争点に関する事実をしっかりと認識してもらうように的を絞った尋問をしています。現在の実務慣行では、主尋問は30分以内に絞られているのではないでしょうか。

白丘　証人や本人が法廷で間違った答えをしたとき、「あなたの陳述書ではこうなっていますよ」という使い方があります。しかし、これには誘導だとする異議が出かねませんし、記憶の不確かな証言であるとして反対尋問にさらされる危険性もありますから、慎重にしなければならないと思いますね。

黒山　私は、反対尋問のターゲットとして活用しています。尋問予定の人の陳述書は、事前にマーカーを引きながらじっくりと読み込んでおきます。そうすると、結構矛盾点や不明確な点が出てくるのですね。陳述書は、弁護士が作成した作文に過ぎず、主尋問の時間節約の効果しかないという弁護士もいますが、私は、全く逆でして、この陳述書によって反対尋問が本当にやりやすくなりましたね。反対にいえば、自分が提出した陳述書も相手方にそのように利用されることを想定して注意深く作成しています。

　　　陳述書のシステムが導入された当時、いったい何の役に立つのか、面倒なだけだなどと思っていたのですが、いまは積極的な評価をしています。陳述書を作成して、やっと事件の全体像がわかったこともあります。

◆　**証拠説明書**

藍田　証拠説明書の記載方法で工夫していることはありますか？

黒山　長々と立証趣旨を記載する人がいますが、私は、できる限りコンパクト

に記載します。「○○の記載によって本件の争点である○○の事実は明らかに証明される」などと記載することに何の意味もないと思います。

茶村 裁判官は、証拠説明書の立証趣旨の記載を大変よく読んでいるという人がいるのですが、そうでしょうか。裁判官は当事者双方から提出された書類を読み込んでいるわけで、その1つに過ぎないのではないでしょうか。しかし、そういう話がある以上、できる限り丁寧に記載するように努めています。要するに、裁判官がすべての証拠をじっくり吟味しているわけではないことを前提に、こちらの決め手になる証拠、裁判官に見てもらいたい証拠については、立証趣旨を詳細に書くということになるのではないでしょうか。

白丘 いまでは証拠説明書の提出がないと書証提出をさせない取扱いが定着していますから、第1回口頭弁論で結審が予想されている場合は、早めに証拠説明書を提出しておきます。訴状提出のときに、事件番号を記載しない証拠説明書を同時に提出する人もいるようですね。

◆ **尋問リハーサル**

藍田 主尋問のためのリハーサルは、どのように行っていますか？

白丘 尋問事項書を作成して、リハーサルを行います。問いに対する答えは、書く場合と書かない場合があります。記憶がしっかりしている人については、書きませんし、記憶が不確かで人の意見に迎合しやすいタイプの人については、答えとして、陳述書の内容を簡単に記載しておきます。答えを記載するときも、いわゆる証人汚染にならないように気をつけています。

茶村 私は、本番で使用する「ですます調」の尋問事項書を使ってリハーサルをしています。答えを記載することは、原則的に行いません。答えを書くと、学芸会の台本のようになってしまい、緊張感が希薄になります。

黒山 私も、茶村さんと同じです。答えを記載した尋問事項書を渡してしまうと、本番までに答えを覚えておこうという意識が先行し、ちょっとした反対尋問でボロボロになる危険性があります。私の聞いた話ですが、ある弁護士は、予想される反対尋問も含めて徹底したリハーサルを行い、その弁護士が考えたストーリーを叩き込んだといいます。証言する本人が泣き出すくらい徹底的にリハーサルをやるというのです。こうなると、一体誰の

ための訴訟なのかがわからなくなります。こういう証人については、「反対尋問ですぐに崩れますよ」という人がいますが、洗脳されきっていて、虚偽の事実を真実だと信じ込んでいますから、生半可な反対尋問では崩れませんね。それだけに問題は深刻ですよ。

◆ **反対尋問**

藍田 反対尋問のためにどのような準備をしていますか？

黒山 私は、予想される反対尋問事項をあらかじめ書き出しておき、法廷での主尋問を聞きながらそれを修正していきます。したがって、私は、法廷で主尋問とその証言内容を克明にメモすることはせず、用意した反対尋問事項書の加除修正をしているわけです。尋問当日の主尋問と証言を克明にメモするだけで効果的な反対尋問が当意即妙にできる優秀な弁護士は、そんなにはいないのではないでしょうか。

白丘 私も、尋問前には、それまでの準備書面はもちろん、相手方提出の書証も十分に読み込みます。また、時系列の事実経過一覧表を作成し、事実経過を頭に叩き込んでおくようにもしています。主尋問での証言を聞いていて、アレッと思えば、反対尋問事項とするようにメモをします。

茶村 こちら側の証人や本人ですが、不安なので反対尋問のリハーサルをしてほしいといわれることがあります。そういうときは、私が相手方弁護士になりきって尋問の練習をします。「いまの質問にはどう答えたらよいのですか？」と聞かれることがありますが、「陳述書ではこうなっていますから、こう答えることになりますよ」と回答しています。

藍田 成功した反対尋問、失敗した反対尋問をお話しいただけませんか？

白丘 証人が「偽証しました」と謝るような鮮やかな反対尋問の経験はありませんが、最初に証言したことと反対尋問で証言したことが矛盾するような事態に追い込んだ経験はあります。しかし、反対尋問によって主尋問の結果を補強することもあるわけです。私は、これを「オウンゴール尋問」と呼んでいますが、「あなたは先ほど○○と証言しましたが、本当は○○ではなかったのですか？」という尋問は、オウンゴールになる確率が高いですね。

茶村 私は、主尋問を聞いていて反対尋問をしても意味がないと感じたら、無

理して反対尋問をしません。反対尋問を義務のように考えている弁護士もいるようですが、決して義務ではありません。ただ、依頼者からは手抜きのように思われますから、十分に説明をしておく必要があります。人証調べで勝ち負けが決まるという事件は限られていると思います。多くの事件は、それ以前の書証で大方の勝負はついていて、人証は念押しという意味が強いということを裁判官から聞いたことがあります。反対尋問は重要ですが、それで勝敗が決まる事件というのは限られているのではないでしょうか。

黒山 相手方の主張事実を壊したという快感を覚えた尋問は、数えるくらいですが、たまにそういう尋問ができたあとのビールは本当においしいですね。反対尋問が奏功して勝訴になるということは何度もあることではありませんから、力むことなく淡々とした姿勢で尋問に臨むのがよいと思いますね。ただ、証人や本人は、どういう反対尋問がなされるかを予測していますから、その予測を外すというのでしょうか、全く予想外の尋問から始めて思考を混乱させるのも手であろうと思いますね。

◆ **問題な尋問**

藍田 本人・証人の主尋問および反対尋問について、過去に問題だと思うことはありましたか？

茶村 尋問で敵性証人や相手方本人を怒鳴る弁護士を結構見かけますが、法廷で同席している依頼者向けのパフォーマンスであっても、どうかと思いますね。それが「あなた、嘘をいうのはやめなさい」という類いですと、本当に呆れます。これは、ベテランの弁護士でも結構いますね。

黒山 私が尋問していると、「それは違いますよ」「質問の意味がわかりませんね」などと介入してくる弁護士がいます。あるときは、私が1つの質問をするたびに大きな声で介入してくるので、「静かにしてもらえませんか」とやり返してしまいました。裁判官は、この手の介入にあまり注意をしませんね。介入をものともしない冷静な尋問を期待しているのでしょう。

白丘 本人の主尋問ですが、問いと答えを弁護士1人がやってしまい、本人は「はい」以外の供述をしなかったことがありました。リハーサルも念入りにやってきたのでしょうが、やり過ぎです。その尋問は、傍聴席に座って

いた私の依頼者に聞いても、「弁護士の独演会でしたね」との感想を漏らしたくらいです。「独演会尋問」のほかに、抑揚のないと問いと答えが淡々と続く「学芸会尋問」がありますが、あまり感心しませんね。

3 和解にあたって

◆ 和解条項作成上の注意点

藍田 和解条項を作成するうえで、強制執行や登記の関係で無効な条項を作成しないように注意せよといわれていますが、どのような点に注意をしていますか？

黒山 一般的にいわれているように、強制執行ができない和解条項は作成しないということですね。金銭給付の条項ですと「支払うものとする」では執行力がないことくらいは常識であり、裁判官も指摘してくれます。しかし、登記になりますと、極めて専門的・技術的となり、裁判官の後見的な役割にも限界があります。そういうときは、事前に法務局なり司法書士なりに確認しておくことが絶対に必要です。

白丘 清算条項でも、注意が必要ですね。「本件につき」が入るか入らないかでは大きな違いがあることは弁護士なら誰でも知っていなければならないことです。和解を成立させる前に、ほかにも債権債務関係があるかどうかをきちんと尋ねておくことが求められます。

茶村 期限の利益の喪失条項にも注意をします。「2回怠った」と「2回分怠った」では意味が全く違います。このミスは、その後の債権回収にも大きく影響しますから、おざなりにしてはいけませんね。和解条項でミスをすると、依頼者に言い訳が立ちませんし、信用が失墜し、挙げ句の果てには報酬金ももらえません。

◆ 信用してはいけない弁護士

藍田 訴訟をしていると、信用できる弁護士と信用してはいけない弁護士とがいると感じます。信用してはいけない弁護士と和解交渉をするときに注意していることはありますか？

白丘 和解をして分割弁済をするための資金がないと思われるにもかかわら

ず、「心配いりませんよ。早く終わりにしましょう」などと調子のいいことをいう弁護士は要注意ですね。こういう弁護士と和解をすると、あとで不履行になる確率が高いと思います。そして、分割弁済の不履行を連絡しても、「私は、和解条項の履行まで受任していません。直接本人に連絡していただいていいですよ」などといってきます。確かにそうなのでしょうが、和解を成立させた代理人として、もう少し申し訳なさそうな対応をしてほしいですね（笑）。

茶村 これまでの訴訟態度を見ていれば、信用してよいかどうかがわかりますね。指定期限内に書面を提出し、法廷にも遅刻せず、尋問でも冷静沈着な姿勢を貫くような誠実な訴訟遂行をしている弁護士は、裏切りません。信用してはいけない弁護士の例ですが、顔が知れていない事務所の弁護士を和解の席の近くに張り込ませておき、入れ替わりで和解室から出てきて待っている弁護士と依頼者の会話を盗み聞きする人がいると聞いたことがあります。入れ替わりで和解室に相手方の弁護士が入っていけば、警戒心もなくなりますから、同行した依頼者と本音をつい語り合ってしまいます。すごい話ですが、本当のようです。

黒山 いまの話に関連するのですが、家庭裁判所の調停待合室で依頼者と大きな声で打合せをしている弁護士がいますが、内容が筒抜けです。家庭裁判所は、離婚事件や遺産分割事件というプライバシーに深く関係する事件を取り扱っているのですから、弁護士も注意をすべきだと思います。聞いていると、家事調停の基本的な事柄や調停内容が語られていますが、私なら、事務所で話すべきことばかりです。なかには、自慢げに依頼者に話をしている弁護士もいますが、守秘義務を忘れているのではないかと思います。

藍田 そもそも信用してはいけない弁護士かどうかは、どのようにして選別しているのですか？

黒山 書面の内容や法廷などでの発言内容でわかりますね。約束された日に書面を出さない弁護士、書面の内容が粗雑、法廷での発言が乱暴で法的に要領を得ていない場合は注意しています。

白丘 私は、その弁護士とその依頼者がどのような経緯で委任に至ったのかを

考えますね。広告を見て依頼したのかと思われるときは、弁護士との信頼関係が強固ではありませんから、注意をします。

茶村 私は、アレッと思うときは、知人友人の弁護士に電話をかけて評判を聞きます。昔は、法律新聞社の『全国弁護士大観』の経歴も参考にしたことがありますが、経歴と人格は一致しませんね。また、最近は、弁護士大観に掲載をしない弁護士が多数となってしまいましたので、インターネットで検索して情報収集をしています。

◆ **裁判所の和解の勧め**

藍田 依頼者が和解しないといっているのに裁判所が強力に和解を勧めるとき、どのように対応していますか？

白丘 私は、本人の意思確認をしないで和解をすることはしません。裁判官はよく「本人の気が変わらないうちに和解をまとめましょう」といいますが、私は、本人の意思がわからないときは和解室から廊下に出て携帯電話で必ず確認します。もっとも、かなりの場合、事前に和解内容の打合せをしておき、この内容であれば和解するということにしていますから、携帯電話で本人の意思確認をするケースはあまりありません。

茶村 私は、すべての和解条項について本人が了解しない限り、和解はしません。また、和解期日には、できる限り依頼者本人にも同席してもらうようにしています。和解条項の作成では、期限の利益喪失条項、清算条項についても、本人に説明し了解をとっています。無断和解だとあとで非難されるのは、意外とこのような軽視しがちな条項にあるという弁護士がいたためです。

黒山 私は、弁護士になり立ての頃にボス弁から離婚事件の担当を指示され、裁判官から「私の説得によって相手方も慰謝料と養育費を支払うことを了解した。いま和解しないといつ気が変わるかもしれないから、すぐに和解を成立させましょう」といわれて、和解を成立させたことがあります。ところが、この和解を本人に報告すると、「そんな和解を了解した覚えはない」といわれ、青くなりました。しかし、それだけで終わりませんでした。和解成立後相手方からは慰謝料はおろか養育費の支払も全くないというのです。私は、生きた心地がしませんでしたね。以後、絶対に本人の了解をと

らない和解はしないことにしています。数年前に裁判官から同じことをいわれましたが、「若い頃に依頼者の了解をとらないままに和解を成立させてとんでもない目に遭いました。いまは依頼者の了解をとらない和解をすればまず懲戒になります。私はそんな目に合いたくありません」と回答して難を逃れました。裁判官の和解の勧めを断るとその後の判決に悪影響を及ぼすと考える弁護士がいるようですが、そのような度量の狭い裁判官はいないと思います。

Coffee Break ─弁護士界のルール②

弁護士時間

　弁護士会の会合や会派の会合には定刻に出席される弁護士は少ない。10分以上遅れても平気な弁護士もいる。定刻より5〜10分遅れて出席する時間を弁護士時間と呼んだりしている。

　しかし、法廷ではそのようなことは通用しない。被告の代理人で、期日が第1回口頭弁論期日であり、しかも答弁書を提出していないと、終結されてしまう。元大阪高等裁判所長官であったX弁護士は、裁判官時代、5分前には裁判長の席に座られていた。退官後、私は、そのことをお尋ねしたことがある。X弁護士は、「開廷時間と同時に裁判を始めることができ、時間を無駄にしなくていい。弁護士さんも僕の考えを理解してくれ、遅れるようなことはしなくなった」とおっしゃった。

　法廷だけではない。弁護士以外の会合でも通用しない。参加者のほとんどは定刻には出席されている。10分も遅れて出席すると恥ずかしい思いをする。

　遅れるということはほかの出席者の時間を無駄にすることである。会合が中断したり、遅れた出席者のために再度同じ説明をしなければならなかったりと、本当に無駄な時間である。他人の時間を無駄にしてはいけない。そろそろ「弁護士時間」を死語にすべきである。

（山下　善久）

Article 1
小さな誤記と大きな代償

山下　善久

1 供託書の誤記

　『弁護士の失敗学　冷や汗が成功への鍵』（ぎょうせい、2014）の中に担保の金額を間違ったという内容の「保全事件での冷や汗」事例が掲載されていた（22〜24頁）。私も処分禁止の仮処分事件で供託書の被供託者の住所を間違い、そのため供託をやり直させられたことがある。

　それは、35年以上前の弁護士登録2〜3年目のことであった。先輩弁護士から「明日処分禁止の仮処分の面接をお願いしたい」という連絡を受け、先輩弁護士の作成した仮処分申立書を東京地裁民事9部に提出し裁判官と面接した。保証金額は200万円と決まり、先輩弁護士からその200万円を預かり、供託書の債務者の住所地を当事者目録に記載されているとおりに作成して東京法務局に供託した。その供託書を裁判所に提出したところ、書記官から「先生、債務者の住所が間違っていますよ。この供託書は受け取れませんよ」といわれ、受理を拒否された。その瞬間、私は、顔から血の気が引き、書記官に「供託したこの200万円は取り戻しができますか。それもすぐに」と必死に尋ねた。書記官は、平然とした顔で「取り戻しはできますよ」と答え、確か不受理の証明書を作成してくれたと記憶している。

　ところが、供託金を取り戻すには、その証明書のほかに、依頼者の実印が押印された私に対する委任状と依頼者の印鑑証明書が必要なのであるが、依頼者にそれらの書類をお願いできるはずがなく、私のお金で供託をやり直したあとにお願いするしかなかった。しかるに、弁護士登録2〜3年目の私には、とても200万円という大金を立て替えておく目途はなかった。いつの間にか日比谷公園のベンチに座っている自分に気がつき、なぜ債務者の住所を間違ったのかと、記録を点検したところ、先輩弁護士が、債務者の住所を間違って作成し

ていたことがわかった。現在は申立受付段階で債務者の住所も厳しくチェックされるが、当時はそれほどでもなかったと思う。先輩弁護士のミスでもあったが、私も申立書を裁判所に提出する際に、そのことを確認しなかったミスがあった。そんなことより、200万円をどう捻出するのか、供託が遅れ、仮処分申立をした目的が達せられなくなった場合の責任を考え、しばらく動くこともできなかった。とりあえず200万円を捻出しなければと、当時、結婚を約束していた女房を呼び出し、結婚式の費用として保管してもらっていた預金（自分で保管するとすぐに使ってしまうので保管してもらっていたのである）全額を出金してもらった。しかし、200万円にはとても足りず、女房個人の預金などを解約してもらい、何とか200万円を捻出し、翌日供託をやり直した。幸い、一日遅れたが仮処分申立の目的を達することができた。その手続がすべて終わってから、先輩弁護士に事情を説明して、依頼者から実印が押印された委任状と印鑑証明書の交付を受け、200万円を取り戻した。

　債務者の住所を間違い、供託が遅れて仮処分申立をした目的が達しなくなれば、当然責任問題になる。特に迅速を要する保全では供託書の記載を間違ってはいけない。それが単純なミスであっても取り返しがつかなくなるおそれがある。それ以来、供託書の作成については慎重にしている。控訴に伴う執行停止の保証金5000万円を供託したことがあるが、このときは特に慎重に何度も確認したのであった。

2　内容証明郵便の誤記

　弁護士は内容証明郵便を受け取ることが多いが、内容証明郵便が送達されると嫌な気持ちになる。それは、内容証明郵便が威圧感を与える力をもっているからである。ところで、内容証明郵便は、配達が確実であること、その内容の存在ならびに配達された事実が、後日、郵便局の証明書によって容易に証明してもらえることで、弁護士はよく内容証明郵便を送付する。しかし、事実と違ったことを記載すると、差出人側に不利な証拠として利用されるし、威圧的表現過ぎると、かえって相手方を刺激し、差し出した目的を達しなくなるおそれがある。内容証明郵便を差し出すときは、威圧的表現にならないように注意し、

事実と違ったことを記載してはいけない。

　私は、内容証明郵便でもって、賃貸借契約の解除通知書を発送した際に、未払賃料を少額に記載したことがあった。少額な金額を振り込まれ、解除の効力を争われると困るので、直ちに訂正の内容証明郵便を送付し、事無きを得たことがある。

3　受任通知書の失敗

　私は、交通事故、特に加害者側の代理人の事件を多く手がけているが、加害者の代理人に選任されると、まず、被害者に受任通知書を送付することにしている。その通知書に「円満に解決したい」と記載したことがある。ところが、実際面談してみると、とても交渉で円満に解決できるような被害者ではなかった。被害者から再三呼び出しを受け、被害者の指定する場所まで出かけて交渉を繰り返していたが、だんだんと要求が激しくなり、交渉では示談は無理と判断した。そこで、私は調停で解決するため調停申立をした。ところが、その申立てに対し、被害者は、何と受任通知書に「円満に解決したい」との文言と違う行動に及んだといって、執拗に調停申立の取下げを求めてきた。これを拒否すると、今度は懲戒申立をされた。

　この失敗の後は、受任通知書には安易に「円満に解決したい」とは記載しないことにしている。

4　委任状作成上の注意

　弁護士は、委任状の委任事項について「……に関する一切の件」と記載することが多い。その「一切の件」と記載したことで依頼者とトラブルが起きないとも限らない。たとえば、受任弁護士は、受任の内容のとおり交渉した結果、相手方と合意ができ、合意書を作成した。ところが、その合意書の合意事項には、不動産について登記手続をしなければならない条項があった。受任弁護士は、相手方との交渉により合意書が作成されたことで受任事件は終了したと考えた。しかし、依頼者は、委任状に「一切」と記載されていることから、当然に不動産の登記手続も受任弁護士がしてくれるものと考え、そのことを受任弁

護士に求めることがあり得るからである。

　訴訟委任状については、特別授権の不動文字が印刷されている訴訟委任状を使用している弁護士が多い。東京高判昭和51・2・12判時809号52頁は、この不動文字をもって印刷記載されている事項について、委任者は、授権していないと争ったが、その主張を認めなかった。ところが、委任事項として「民事訴訟法（旧）第81条第2項に規定する事項」と記載してある訴訟委任状に署名押印しても、控訴に関し特別授権があったものとはいえないとした東京高判昭和36・12・21東高民時報2巻12号244頁がある。

　委任状を作成するときには、くれぐれも注意して作成しなければならない。

Article 2
尋問リハーサル

髙中　正彦

1 証人汚染

　訴訟を遂行していくと、ほとんどの事件で本人尋問は必須であり、証人尋問が行われることもしばしばである。その場合に、裁判所は、尋問予定の当事者本人と同行予定の証人の陳述書を提出するように求め、主尋問については、陳述書で導入部分や周辺部分の尋問を代替させ、要証事実に関する尋問に的を絞るように求める。過去の陳述書の提出がなかった時代には、主尋問のために相応の準備が要求され、尋問のリハーサルを行うことはほとんど必須であった。現在では、相手方に揚げ足をとられたり、矛盾を突かれて窮しないようにするため、陳述書の記載内容に相当の注意を払わなければならなくなっている。

　しかし、そうはいっても、全くのぶっつけ本番で尋問に臨む弁護士は、まずいない。いたとすれば、手抜きとしか思われない。問題は、尋問の準備の方法である。

　ほとんどの弁護士は、尋問が予定される当事者本人または同行予定の証人を事務所に呼び、「私からこういう質問をするから」というのであるが、そこから先である。私が見分した限りであるが、ある弁護士（Aタイプ）は、本番でそのまま使用する会話調の尋問事項を列記し、それに詳細な会話調の回答を記載して、対象者に渡し、延々と説明をする方法をとる。対象者が「先生、この回答内容は違うと思うのですが」などといおうものなら、「ここに書いてあるとおりに証言しなさい」と叱責する。ある弁護士（Bタイプ）は、本番でも使用する尋問事項のみを記載した書面を渡し、リハーサルをする。対象者が、「ここはどう答えたらよいのですか」と質問すると、「あなたの記憶はどうですか。もしも記憶がなければ、この質問は辞めましょう」とか「あなたから聞いたことに基づいて作成した準備書面ではこうなっていますが」などと優しく教える。

ある弁護士（Cタイプ）は、証拠申出書に記載した数項目の尋問事項を手渡し、あるいは、何のペーパーも渡さずに、「法廷ではだいたいこんなことを質問するから、予定してください。私の質問にどう答えるかはあなたの記憶どおりでいいですよ」といって、尋問に対する回答を自分で考えるように仕向ける。

　この3タイプのうち、Cタイプはかなり少数派ではないかと思われる。そんなことをしたら、依頼者から、「なんて不親切な弁護士だ」と非難されること必至だからである。Bタイプは、証人の汚染をできる限り回避しようとする姿勢と受け取れ、一般的ではないかと思われる。Aタイプは、対象事件を自分が考えたストーリーで組み立てようとし、強引に証言・供述を自分の考える方向にもって行こうとするもので、その数は少ないと思いがちである。ところが、結構Aタイプの弁護士はいるのである。私は、ある複数当事者の事件で相被告会社の弁護士から、証人として採用された当該会社の社員の尋問の打合せをしたいので来てほしいというので、入所したてのイソ弁に行ってもらったら、尋問担当の弁護士が作成したAタイプの尋問事項書をもって帰った。私は、「これに問題があるとは思わないか」と尋ねると、イソ弁は、「すばらしい尋問準備だと思いますが」と答え、唖然としたことがある。ちなみに、その弁護士の事務所は東京・丸の内という一等地にある弁護士数もそこそこの事務所であった。Aタイプをとる動機は、勝訴判決獲得による報酬欲しさもあるが、依頼者のために何とかしたいという熱心さもあるらしい。依頼者利益の最大限を図るように最大限の努力をすべきことはもちろんなのであるが、そのために弁護士として大切なものを見失ってはいけない。いうまでもないことであるが、Aタイプは、職務基本規程75条に規定する偽証・虚偽の陳述のそそのかしに該当するというべきである。参考までにいっておくと、上記の社員に対する反対尋問において、原告側の老練な弁護士が行った「ところで、だいぶ記憶が鮮明のようですが、尋問のリハーサルは何時間やりましたか」の一発で形勢が決まった。

2 反対尋問技術の習得

　このような尋問リハーサル、証人汚染の問題を指摘すると、「そんな証言・

供述は、反対尋問ですぐに化けの皮がはがれますよ」と一蹴されることがある。しかし、民事法廷で、供述内容が180度違う本人尋問は日常茶飯事である。青信号で交差点に進入したという原告に対し、自分も青信号で交差点に進入したという被告の交通事故事件では、反対尋問をしても崩れたためしがほとんどない。双方とも、絶対に青色であったと確信しているのである。夫に暴力を振るわれたとする妻側からの離婚訴訟で、妻に手を挙げたことなど一度もないとためらいもなく供述する夫をよく見受ける。私は、妻のことを100％信用しているわけではないものの、夫の供述態度があまりにふてぶてしいと感ずるときは、「どちらかが嘘をついていることになりますよ」といってみるが、夫は全く動揺もせずに「妻は昔から嘘つきです」といってのけるのである。汚染された供述・証言を反対尋問で覆すことはなかなか容易ではない。

　それでは、効果的な反対尋問の技術はどうしたら習得できるのか。尋問技術に関しては、学者・実務家からさまざまな書物が出版されており、それを次から次に読破して実践すればよいということになる。しかし、現実には、本を読んだくらいで反対尋問の達人になることはなかなかできない。「月面宙返り」をやりたいと思って体操の教科書をいくら読んでも駄目なのと同じである。体で覚えなければならないからである。反対尋問も同じ要素が強いように思う。救いなのは、「月面宙返り」に比肩する高度なテクニックを身につけなくとも、そこそこのレベルになれば、依頼者から「先生はすごい」との評価を得ることができることである。

　反対尋問技術を磨く方法の1つとしては、尋問がうまいという評判の弁護士の現場を耳と目で確認し、自分でもできそうなことを貪欲に取り入れることである。機会を捉えては、そのような弁護士と事件の共同受任をすることをお勧めする。また、現に取り扱っている事件の相手方弁護士の尋問技術に学ぶことは、それが反面教師としてのレベルであったとしても、何かを得ることができるであろう。ちなみに、私は、開廷時間よりも少し早く法廷に着いたときに、前の事件の証人尋問をしていれば、傍聴席から見学することにしている。短時間であっても、「これはすごい」という技能をもった弁護士の尋問を見られたら、もっけの幸いである。実際に、そのような体験を2回ほどしている。

3 反対尋問の準備

　また、私が励行しているのは、書証、特に相手方提出の書証の読み込みと予想される反対尋問事項の書面作成である。書証をじっくりと読み込んでいくとアレッと思う点が必ずといってよいほど出てくる。「普通はこんなことはしないよなあ」「なぜこんなことをしたんだろうか」「突然こんな言葉が出てくるのはどうしてなのかなあ」などと考えながら読み込むと何らかの疑問点が出てくるのである。これを「どうしてか」と、本人・証人に迫るのである。陳述書についても、じっくりと読み込み、重要な記述にはマーカーを付け、矛盾点や不自然な点をあらかじめチェックしておいたうえ、「あなたの陳述書のここには、×××と書いてありますが、乙第○号証と矛盾しませんか」などと問い詰めていく（ただし、陳述書中の些細な誤記を取り上げてくどくどと追及するようなみっともないことはしない）。さらに、これらの準備をすると、反対尋問事項が見えてくるので、それを書き出しておき、法廷で主尋問がなされた事項を消していくのである。尋問は、当然書証を示しての質問が核となる。「あなたは先ほどこのように証言しましたが、真実はこうではないのですか」などという馬鹿げた質問はしない。また、尋問事項の順序をわざと逆転させ、証言者・供述者の予想の裏をかいて慌てさせることもしばしば行う。どこかの本に書いてあったが、反対尋問は「意地悪」であることが求められるのである。若い頃には、反対尋問事項を書き出した書面を作成せず、当日の主尋問のメモのみに基づいて当意即妙で反対尋問をしていたこともあったが、メモをとることと反対尋問事項を考えることを同時並行で実にうまくできる優秀な人は、残念ながら、そう多くはないのではないか。私は、もちろんそのような優秀な弁護士であるはずがない。

　法廷における反対尋問は、弁護士の仕事の花だという人がいる。私もそう思う。

第3章——「裁判」の経験学

Article 3
和解の落とし穴

太田　秀哉

1　和解に臨む基本的な心構え

　民事訴訟においては、和解の果たす役割は極めて大きい。上訴の機会の残る判決と異なり、成立すれば確定し、紛争の最終的解決が得られる。また、一般的には判決に比較して任意の履行が得られることから、執行が不要となることが多い。このようなことから、当事者はもちろん裁判官も和解成立に向けて意を注ぐことになる。しかし、こうしたことが後に述べるように和解の落とし穴につながるのである。

　和解手続に臨むにあたっては、留意しておくべきポイントがある。まず、和解手続に入る前に、判決になった場合の結果を予測し、それからどのような条件提示がなされるかを予測し、依頼者と十分に打合せをして、どのような条件までであれば和解に応じるのかを決定しておくべきである。もちろん、和解にあたっては、裁判官からある程度の心証の開示があり、和解条件の提示がある場合もあり、これが予想に反していた場合には、改めて依頼者と打合せをし直す必要がある。このような場合には、依頼者に対し、和解交渉の内容を伝えて仕切り直しということになる。

2　依頼者の納得

　しかし、場合によっては、1回目の和解手続において思いのほか条件交渉が進み、和解が成立しそうになることもある。依頼者を同行していない場合、このようなケースで、裁判官から相手方が和解する気持ちになっており、次回期日に延ばすと気が変わって和解ができなくなる可能性があるので、本日和解を成立させたいといって決定を迫られることがあり、それに押し切られて和解をしてしまい、依頼者との間で問題となってしまうことがある。弁護士は、とか

く依頼者からはある程度の裁量を与えられており、その範囲内であれば後に説明すればよいと簡単に考えがちであるが、依頼者は最終的な決定権限は自分がもっていると意識しているものであり、勝手に解決したことについて、客観的に見て妥当な内容であっても納得するとは限らない。弁護士が代理人となって成立した和解は、いったん成立するとこれを覆すことはほとんど不可能であるので、依頼者の同意を得ないで和解したとして懲戒に発展するケースもある。自分では些細なことであると思っても、必ず依頼者の同意を得ることが不可欠である。

和解の定型文言として使われる「他に債権債務はない」という条項がある。建物明渡し事件で、特に確認せずに和解したあとで敷金が残っていることを依頼者から指摘されたという事例もある。

裁判官によっては、次回に回答をというと、「相手方が了解しているいまの時点で和解を成立させずに次回に持ち越すと相手方の気が変わるので、何としても本日中に成立させよう」として決断を迫ることがある。しかし、先に述べたように、どのような些細な事柄で客観的に見て問題がなさそうなことであって、裁判官に決断を迫られても依頼者の同意を得ていない事柄について安易に決定することは控えなければならない。

また、客観的に見て妥当と思われる条件であっても、とにかく判決を求めるという依頼者もいる。このような場合に、どこまで依頼者を説得するべきなのかである。弁護士と依頼者の間は、信頼関係で成り立っており、依頼者には自らの考えで最終的な決定を行う権利があるのであるから、専門家として和解を選択することがよい選択であることを勧めることはできても、あまり強く勧めると信頼関係を損なうことになりかねない。このような場合には、裁判官に依頼者を説得してもらった方がよい場合もあり得る。

3 和解条項

和解条項案は、原告側、被告側問わず、自ら作成することを心がけるべきである。契約書の作成でも同様であるが、最初のドラフトをどちらが作成するかによって交渉における主導権を握ることができるからである。

権利の実現をはかる原告側にとって、和解で決定したことが、実際に実現できる条項になっているかは極めて重要である。和解条項について、裁判官は全く責任を負っていない。裁判官は、登記手続や執行手続を熟知しているとは限らず、不十分な条項で和解したばかりに、登記手続や執行ができずに失敗した経験をもつ弁護士は多い。和解を成立させる前に、登記手続は、法務局に、執行については、執行部の書記官に直接確認するくらいの慎重さが必要である。

また、税金についても注意が必要である。財産を移転させる行為には何らかの税金がかかってくることがあり、税理士に確認すべきである。

たとえば、離婚の際に、不動産を財産分与する場合には、分与する側に譲渡所得が発生し、所得税が課税される場合がある。こうした課税関係を把握せずに和解したあとになって課税されることが判明した場合、依頼者は当然、納税資金を用意していないので、納税に苦慮することとなる。

条項では、和解金の受領先を代理人の口座にすることがある。弁護士にとっては、報酬の担保とする意図もあると考えられるが、和解金の振込先を直接依頼者の口座にする弁護士も多い。長期の分割返済の受領先に代理人の口座を指定する場合には、実際には分割返済の管理をすることになる。この場合、その管理の費用について依頼者ときちんと取決めをしておくことが必要である。

4 和解履行

債務整理の依頼を受け、被告代理人となり、分割返済の和解をしたあと、依頼者から金員を預かって返済の代行をすることがある。この場合、返済が滞り過怠約款により期限の利益を喪失しそうになった際に、依頼者に頼まれて返済金を立て替えてトラブルになることがある。こうした事態に陥るのを避けるために、返済の代行を行わないこととしている弁護士もいる。

Coffee Break ─弁護士界のルール③

整理と整頓

　今でもそうだと思うが、私が東京弁護士会の副会長をしていた当時、毎日配布される資料は相当の数になった。その資料を委員会ごとにファイルする副会長もいたが、2名の副会長は資料を単に机の上に積み重ねるだけであった。数か月もすれば、机の上は積み重ねられた資料で空いているスペースはほとんどなくなった。それを見かねた職員が整理しようとした。ところが、2人の副会長は、資料を置いた場所がわからなくなるからといって、整理させなかった。

　ところで、「机の上を整理する」とは、不要なものを捨て、使いやすいよう規則を考えて整理することである。「机の上を整頓する」とは、配置の原則を決め、その配置原則に沿って整えることである。

　そうすると、2人の副会長の机の上は、資料が雑然と積み重ねられ、整頓されているとはいえないが、自分にとって使いやすいように資料が置かれているということになり、机の上は整理されているともいえるのかもしれない。

　その後、上記副会長のうち、1人の副会長のご子息が弁護士になられた。私は、あるとき、そのご子息の勤務している法律事務所にお伺いしたことがある。そのご子息の机の上は、父親同様、記録や資料が雑然と積み重ねられていた。本当に驚いたが、ご子息にとっても、使いやすいように整理されているのであろう。

（山下　善久）

第4章 弁護士報酬の経験学

第4章──弁護士報酬の経験学

Introduction

　弁護士は、依頼者から支払を受ける弁護士報酬によって生計を立てる。しかし、裁判官や検察官と異なり、その弁護士報酬が毎月定期的に入ってくることはない。ある月は、収入が経費に満たないこともある。企業経営では、資金繰りの計画が大事であるが、弁護士の場合は、計画的な資金繰りが立てにくいのである。また、不定期的な性格のほかに、そもそも金額の設定が難しいという宿命がある。目に見える商品を販売する業務では価格設定が容易であるが、弁護士のような目に見えない仕事の対価は算定が実に難しいのである。そして、四苦八苦のうえ算定した弁護士報酬の額を依頼者に納得してもらうまでがまた一苦労である。弁護士になり立ての頃、先輩から「弁護士報酬は本当に難しい」と教えられたが、その難しさは30数年経ったいまも全く変わりがない。

　本章では、6名の執筆者が、弁護士報酬をどのように算定し、請求してきたか、報酬トラブルをどのように回避したか、預かり金をどう管理するかについて、経験談を披露し合った。報酬は、弁護士の個性・生き方が色濃く反映するといわれているが、報酬の本質を何と考えるか、報酬を算定する際の考慮要素は何か、報酬を支払わない依頼者に対してどのように対処したか等は、6人6様であった。分かれた意見から学ぶことも多いのではないかと思う。Article（論考）としては、「失敗と工夫」「報酬トラブル防止法」「預かり金の適正処理」の3本を掲載した。このうち、最後の預かり金の適正処理は、不祥事根絶のためのはじめの一歩である。ぜひ参考にしていただきたい。

（髙中　正彦）

●Discussion●
弁護士報酬をめぐって

1 報酬額をどう算定するか

◆ **それぞれの報酬基準**

藍田 弁護士が事務所を運営し生活を維持する糧は依頼者から受け取る報酬なのですが、この報酬の算定方法が本当に難しいといわれています。まず、弁護士会の報酬規定が廃止された現在では、自らの報酬基準を策定しなければならないのですが、それについてどのような工夫をしていますか？

白丘 私は、廃止された弁護士会の報酬規定に準拠した報酬基準としています。私の周りを見ても、同じようなやり方をしている人が多いようです。報酬の科目としては、着手金、報酬金、手数料、法律相談料、日当が主なものとなります。着手金、報酬金、手数料は、その事件の経済的利益を基礎としますが、経済的利益の考え方については、委任契約書を作成するときに詳細に説明しています。交通事故による損害賠償事件で、最終の支払額を基礎とするか、そこから当初の保険会社提示額を控除した金額を基礎とするかについては、あらかじめよく説明しておかないと、依頼者との考え方の違いが出てきかねません。ちなみに、私は、弁護士の力によって獲得することができた金額を基礎とすべきだと考え、最終支払額から保険会社の当初提示額を差し引いた金額を報酬金算定の基礎としています。

茶村 私も弁護士会の報酬規定をベースにしていますが、上場企業の事件を大規模事務所の弁護士と共同受任した場合については、タイムチャージを使うこともあります。時間単価の決め方と費やした時間の計算はなかなか難しいのですが、依頼企業が納得するような金額に納めるように工夫しています。

黒山 私は、報酬規定が廃止された頃から、司法書士報酬の積算方式にヒントを得て、訴状作成○万円、準備書面1通作成○万円、証拠調べ1回○万円、

裁判所弁論等出頭1回〇万円として、請求をしています。500万円の貸金事件で30万円の着手金をもらい、法廷に15回出頭し、準備書面を10通書き、証拠調べを1回やったのでは、絶対に割に合わないと考えたのです。そして、相手方から100万円しか回収できなかったときに、報酬金として100万円を請求することは難しいと思います。しかし、そのようなときに、弁護士が犠牲になる必然性はないと思うのですね。

茶村 黒山さんの方法は、参考になりますね。

なお、広告によって事件勧誘をしている弁護士の中には、離婚事件につき30万円とか50万円の定額着手金とする人もいます。もっとも、成功報酬については、受けた経済的利益をもとにして請求しているようです。債務整理事件で採用されていた定額制がほかの事件に転用されたといえるのでしょうが、ほかでも定型的処理をする事件では、定額制が普及するかもしれません。

白丘 弁護士報酬をどのように請求しているかは、友人の弁護士でも情報交換はあまりしませんね。お金のことだからでしょうか。しかし、一番大切なことの1つであることは間違いないのですから、私は、事件を共同受任したときには、その弁護士の報酬請求の姿勢をじっくりと観察しています。

◆ **報酬請求の失敗談**

藍田 報酬の請求で失敗された経験はありますか?

白丘 もちろん、あります。委任契約書の作成義務がなかった時代の話ですが、経済的利益をもとに成功報酬額の提示をしたところ、依頼者は、「そんな金額でよいのですか」といいつつ、裏ポケットから札束を出し、私の請求した金額を1枚、2枚と数え、請求額を差し出すと、残りを大事そうにもとの裏ポケットにしまい込んだのです。この依頼者は、私の請求額よりも多くの成功報酬額をあらかじめ用意しておいたのに、私の請求額がその人の予想より少なかったわけです。いまでも裏ポケットに戻した札束が思い出されますね(笑)。

黒山 半分冗談かもしれませんが、私が聞いた話では、本心は受けたくない事件について、その弁護士にしてみたら最大に近い額の着手金を提示すれば

驚いて依頼しないであろうと考えた。ところが、相手は、なんと「わかりました。そのくらいのお金なら用意してあります」といって、その弁護士が提示した着手金を即金で目の前に置いたのです。さすがに、こうなっては断れず、その後、その人の事件では、言葉にいい表せないくらいの苦労をしたということでした。

茶村　相続人探索の事件ですが、戸籍謄本取寄せの実費込みで数十万円で受任したのですが、相続人が次々に現れ、戸籍謄本の取寄せ費用だけでほぼ手数料の額になってしまった事件があります。戸籍謄本を積み上げると、数十センチにもなった形となりましたが、私の手数料として残ったのは20万円です。しかし、労力を考えるととても20万円では、全くペイしませんでしたね。いわゆるポッキリの事件受任は、ときとして予想外の実費を自己負担することがあります。実費は別に清算すべきであるとの教訓になりました。

藍田　報酬を取り損ねた経験はありますか？　どのような依頼者で、何が原因でしたか？

白丘　思い出したくもないことですが、あります。建物の設計ミスに基づく損害賠償事件を受任したのですが、人証調べも終わり、和解期日を入れて交渉していたのですが、本人も了解しての和解成立となった段階で、和解金を支払うお金がないといい出し、私が「それは相手を騙した結果になるから、何とか工面してください」というや、逃げてしまったのです。2年もかけて訴訟を遂行してきましたが、報酬金は1円も取れませんでした。おまけとして、相手方弁護士から、めいっぱいの嫌みもいわれました。

茶村　債務整理事件なのですが、クレジット・消費者金融会社合計7社と分割弁済の和解契約を締結し、いざ弁済開始といったところで依頼者が姿をくらましてしまいました。弁済開始後に弁護士報酬を分割で支払ってもらおうと考えていたのですが、結局全くもらえませんでした。おまけとして、和解契約を締結したクレジット・消費者金融会社7社からは、きつい苦情をいわれました。7社からの長時間の嫌みをひたすら聞いているとき、本当に情けなくなりましたね。

黒山　私が報酬を取りはぐれた事件は、バブル時代、巨額の不動産投資に失敗した80歳の人の依頼事件です。お金がなく、相手方からお金を取れたら成功報酬金をたっぷり支払うとの触れ込みで、私の事務所を訪れました。かなりいい加減なところがあったので警戒はしたのですが、その人を紹介したのが私の高校時代の同級生であったため、むげに断れませんでした。新幹線代などの実費はその都度支払ってもらうことにしましたが、最初の2回で支払が止まりました。証拠調べまでで7回前後の期日を重ね、大部の準備書面や陳述書を作成しましたが、証拠調べ終了後の裁判官の和解案が敗訴を前提とした内容であったため、その人は私にいろいろと難癖をつけ始めました。こんな人を信用した自分が馬鹿だったと思い、直ちに辞任しました。今でも新幹線でその駅を通過すると、自分の愚かさが思い出されますね(笑)。

◆　**弁護士報酬慰謝料説**

藍田　過去に、「弁護士報酬は、お布施である」といった人がいました。依頼者が感謝して差し出すものであるから、依頼者の申し出た金額に不満をもってはいけないという趣旨と解釈しています。皆さんは、弁護士報酬の本質は何だと思いますか？

黒山　私は、弁護士報酬は慰謝料だと考えています。弁護士が苦労を重ね、ときにいやな思いもしたことに対する慰謝料だと思います。ただ、慰謝料というのは比喩的な表現で、いわば苦労に対する対価ということをいいたいのです。したがって、内容証明郵便1本で1000万円を回収できた事件の弁護士報酬は、難しい理論構成を行い、証拠調べも複数回行い、最後には強制執行で1000万円を回収した事件の弁護士報酬とは当然に違うと思います。

茶村　私も、黒山さんの考え方に賛同します。苦労に苦労を重ねた事件と簡単に終わった事件とでは、報酬金の額が違ってきます。一方では、内容証明郵便1本で1000万円を回収した方が、時間の点でもコストの点でも依頼者に有利なことは明らかですから、訴訟で回収したよりも多く報酬金をとってよいのだとする考えもあるようです。しかし、依頼者は、なかなか納得しないのではないでしょうか。

白丘　茶村さんが指摘した考え方は、まさに弁護士報酬とは何かという本質を

示していますね。早く1000万円を手にすることによって会社の倒産を回避することができたとすれば、その1000万円の実質的価値は額面をはるかに超えるものがあるわけです。依頼者の置かれた立場、依頼者の要望なども十分に取り込んで、報酬金の額を算定しなければならないということでしょう。弁護士報酬は難しいとよくいわれますが、このことも1つの要因だと思います。弁護士報酬を弁護士の側の事情だけで判断してよいとはいえないと思いますね。その意味で、黒山さんの弁護士報酬慰謝料説は、一面で核心を突いているけれども、絶対的に正しいとも断定できないように考えます。

◆ 委任契約書

藍田 委任契約書は、いつの時点で、どのような内容のものを作成していますか？

茶村 私は、依頼された事件について、預かった書類の内容を確認し、戸籍謄本や登記簿謄本を取り寄せて、事件についての一応の見通しを付けた時点で、委任契約書を作成するようにしています。委任契約書の内容は、日弁連の「弁護士の報酬に関する規程」に従ったものとなっています。

白丘 私は、できる限り早く委任契約書を作成するように努めています。依頼者が一番知りたいのは、弁護士報酬の額だと思いますから、まずその点で安心してもらうと、それからの進行がスムーズになりますね。委任契約書を作成すると、依頼者はもちろんですが、弁護士の側も安心ですね。私は、弁護士報酬の点を中心に、委任契約書の条項を丁寧に説明しています。委任契約の解除事由や中途解約のときの弁護士報酬の取扱いは、なかなか説明がしづらいのですが、省略するわけにもいきませんから、淡々と説明しています。委任契約書を作成するようになってからは、事件が解決したときの報酬金の算定や請求が実に楽になったという声はよく聞きますね。

黒山 ただ現実には、依頼者から相談を受けただけでは処理方針が立たないことが多いのではないでしょうか。事実の調査をしたり、相手方の出方によっても事件の見立てができないので、方針が決まるまではそれなりの時間もかかります。結局、委任契約書を締結するのはかなり遅くなることも多い

のではないかと思います。

2 報酬トラブルをどう回避するか

◆ 弁護士報酬のトラブル

藍田 依頼者と報酬のことでトラブルになったことはありますか？ そのときに、どう対応しましたか？

黒山 依頼者と弁護士報酬のことで喧嘩になったことはありません。報酬を取りはぐれたことがトラブルというのであれば、それは当然あります。一般に、弁護士は、「去る者は追わず」という人が多いですね。報酬を踏み倒す人がいることは事実であり、狡猾な人は報酬を支払わないようにさまざまな難癖をつけてきたりしますが、多くの弁護士は、「このような人の事件を受任した自分が愚かだった」と考え、報酬請求を諦めているのではないでしょうか。もちろん、報酬を踏み倒そうとする狡猾な人のモラルの欠如は、厳しく問われなければならないと思います。

白丘 私も、報酬の取りはぐれを除けば、弁護士報酬で依頼者とトラブルになったことはありません。私が報酬を取りはぐれた事件については、追いかけることはしませんでした。ただし、私の知人の弁護士の中には、そういう不埒な人をのさばらせてはいけないと考え、紛議調停手続の不調を経て敢然と報酬請求訴訟を提起する人がいます。それは1つのあり方なのでしょう。

茶村 私も、報酬トラブルの経験はありません。弁護士は、もとの依頼者を相手方に回して訴訟を提起するものではないとの考えがあるのでしょう。また、報酬の取りはぐれは、自分の警戒心のなさが原因の1つなのですから、あまり追いかけると自分が惨めになるのではないでしょうか。

◆ 弁護士会の紛議調停制度

藍田 弁護士会には紛議調停制度があり、そこで弁護士報酬の紛議も調停の対象となるとされますが、実態はどうなのでしょうか？

茶村 私は、弁護士会の紛議調停委員会の委員を務めていますが、申し立てられた事件は、弁護士報酬の額、預かり金の清算、預かり書類の返還、委任事件の処理経過の報告などが多いですね。弁護士報酬の額の妥当性が争点

の事件では、まず委任契約書を提出してもらい、処理した事件の結果、難易度、労力などを確認し、調停案を出せるときは出すようにしています。ただ、紛議調停を申し立てられた弁護士は、「依頼者からもらった着手金などは全額返すから、早く調停をまとめてほしい」という傾向があります。しかし、そうすると、狡猾な人の思うつぼとなりますから、いかに調停当事者の一方が調停成立を強く希望していても、調停委員会としては一歩立ち止まって考えるようにしているところがありますね。

黒山 紛議調停は、弁護士の側からももっと利用されてよいと思います。弁護士は、とかく報酬のことに淡泊というか、簡単に引いてしまう傾向がありますが、紛議を弁護士会の調停で解決しようとするのは、決して悪いことではないと思いますね。

白丘 弁護士白書を見ますと、東京、大阪、愛知県などの都市部を除くと、紛議調停の申立件数は少ないですね。顔見知りの弁護士に自分の不始末を知られたくないという意識が働くからでしょうか。しかし、その意識も変わるべきでしょう。

◆ 弁護士報酬と懲戒

藍田 弁護士報酬が原因で懲戒処分を受けることもあると聞きますが、どのようなことで処分を受けるのでしょうか？

茶村 職務基本規程24条は、弁護士報酬は「適正かつ妥当」なものでなければならないと規定しており、適正妥当でない報酬を受領すれば懲戒処分の対象となり得ます。ただ、報酬が適正妥当かどうかの判断は難しいので、適正妥当な報酬でないとして懲戒処分となる例はそれほど多くはないと思います。

白丘 弁護士報酬のことが理由となって懲戒処分となるのは、委任契約書を作成せずに弁護士が一方的に報酬金を定めてしまう例が多いようです。特に弁護士が一方的に決めた報酬金を預かり金から勝手に差し引いてしまうというケースが多いように思います。なお、最近の紛議調停や懲戒の実務では、委任契約書の提出がほとんど不可欠になっています。委任契約書を作成していないということが懲戒事由にもなりますから、注意

が必要ですね。

黒山 委任契約が辞任や解任により途中で終わってしまった場合に、着手金を清算しないことを理由に懲戒処分になることも見られます。着手金は成果が出ない場合でも返還しなくてもよい性格の弁護士報酬ですが、委任契約が途中で終了した場合は一部を返還するなどして清算する必要があります。この点を誤解して、委任関係が終了した元依頼者から着手金の清算を求められてもこれに応じないことにより懲戒処分を受けるというケースが結構あるのですね。

3 預かり金をどう管理するか

◆ 預かり金の管理

藍田 預かり金の口座管理は、どのようにしていますか？

白丘 私は、日弁連の「預り金等の取扱いに関する規程」に従って、預かり金専用口座を開設しています。なお、昔は、銀行口座の開設に銀行も鷹揚でしたが、いまは、マネー・ローンダリングの関係から、口座開設には極めて厳格な姿勢をとっています。私がある会社の任意整理事件で、「〇〇株式会社預かり口　弁護士〇〇〇〇」という口座を開設しようとしたら、開設までにさまざまな書類の提出を要求され、時間もかかって、本当に大変でした。事件ごと、あるいは依頼者ごとに預かり金口座を開設するというのは、かなり手間がかかると思います。

茶村 「預かり口」というと、いろいろ目的を聞かれたりします。そこで、「送金口」とか「別口」とする弁護士もいます。

黒山 一昔前は、自分の経費管理口座と預かり金管理口座を1つとしていた弁護士もかなりいましたね。いまは、「預り金等の取扱いに関する規程」がありますから、そんなことは到底許されません。預かり金管理を厳格に行うことは、不祥事撲滅の第一歩だと思います。

藍田 出入金に関する出納帳は、どのように付けていますか？

黒山 私は、通帳の摘要欄に明細を記載する方法をとっています。そもそも預かり金の口数が多いわけではありませんから、その程度で不自由はありま

せん。債権回収事件の多い弁護士、個人の債務整理事件が多い弁護士など預かり金の口数の多い弁護士は、依頼者ごと、事件ごとに出納帳を付けておかないと混乱すると思いますね。

白丘 私も、黒山さんと同じ方法です。事務職員に記入しておくように指示し、定期的に私がチェックしています。

茶村 私は、事務職員に指示して出納帳を付けさせています。私も、そんなに預かり金が発生する事件を抱えているわけではありませんが、出納帳を付けておくと名寄せができて大変に便利なのです。

◆ **預かり金の清算**

藍田 預かり金の清算は、どのように行っていますか？

茶村 私は、10万円以上の預かり金は、できる限り早く依頼者に送金してしまいます。ただし、和解によって長期にわたって少額ずつ、たとえば月額3万円の回収をするような場合は、依頼者の了解をとって、たとえば6か月ごとに清算するようにしています。

黒山 私も、できる限り早く依頼者に送金するようにしています。バブル景気の頃、銀行金利がかなり高い時期がありましたが、わざと本人に対する送金を遅らせて金利稼ぎをしていた弁護士がいたと聞いたことがあります。預かり金の法定果実である利息金は、依頼者に帰属するものだと思いますが、どうなのでしょうか？　仮に弁護士に帰属するとしても、依頼者に説明して了解をとる必要があると思うのですが。

白丘 私の知っている弁護士に、かなりの金額のお金を長期間預かるときは、その金利計算までする人がいました。アメリカでは、このような預かり金が生み出す金利をプールして法律扶助の資金にする制度（「IOLTA」）があるようです。また、フランスでは、「カルパ」という制度があり、弁護士会の口座で預かり金を管理し、それが生み出す利息などが法律扶助の資金にあてられているとのことです。私は、すばらしい考え方だと思いますね。

◆ **預かり書類の管理**

藍田 依頼者から原本類を預かるときには、どのようにしていますか？

茶村 原本を預かったときには、必ず預かり証を発行していますね。返したときには、預かり証を返してもらうか、受取証をもらうようにしています。預かった原本類は、事件ファイルに袋をとじておき、その中に入れて保管しています。

白丘 上場企業のようなしっかりした会社の場合は、預かり証の発行を必ず求めてきますから、発行せざるを得ないですね。なお、ある弁護士は、終了した刑事事件の元被告人から「預けていた原本を返してほしい」と要求された際、原本の受取証をとっておいたため、難を逃れたといいます。そのような書類上の処理をしていなかったほかの弁護士は、金銭の要求をされたり、懲戒請求をされたようです。

黒山 私は、できる限り原本類を預からないように工夫しています。まず、書証として提出するときは、裁判所と相手方に見せるために一時的に預かり、その後直ちに返還してしまいます。次に原本が必要になるのは、人証調べのときですが、そのときにも持ってきてもらい、人証調べが終わればその場で返してしまうのですね。原本紛失のリスクをできる限り減らすようにしているわけです。ごくまれに預かったままとすることもありますが、そのようなときは、事件終了の報告書と一緒に預かり書類原本を必ず郵送する癖を付けています。大切な書類のときは、書留便とします。

失敗と工夫

市川　充

1　報酬算定は難しい

　私が司法修習生だった頃、司法研修所で著名な弁護士が特別講師として講演された。そのときにその弁護士は、「私が最も苦手なのは証人尋問と依頼者への報酬の請求だ」と話されていた。弁護士を20年以上やったいま、私も全く同じことを実感している。

　従前は弁護士の報酬基準が弁護士会の会則事項と規定されていたが、平成16年施行の改正弁護士法により弁護士会で報酬基準を定めるのではなく、弁護士各人あるいは法律事務所が自らの基準を定めることになっている。多くの事務所は以前の弁護士会で定めていた基準をそのまま使用しているところが多いと思われるが、独自の報酬基準を作っているところも少なくないようである。

2　報酬算定の何が難しいのか

(1)　金銭請求の場合

　たとえば、貸金請求や損害賠償請求といった特定の金額を請求する場合は、経済的利益が一義的であるからそれを前提に着手金や報酬金の算出方法をあらかじめ決めておくことは比較的容易である。もっとも、このような場合であっても、交渉により解決されることもあるし、訴訟までやらなければ解決できないケースもある。訴訟のほかに強制執行までやらなければならない場合もある。ときには訴訟ではなく民事調停のような手続のプロセスを経ることを要する場合もあり、このような解決のための道筋は受任当初にはわからないこともままある。そのような場合どのように報酬の算定方法を決めておくのか難しいということもある。このような場合は、交渉の場合の着手金は○円（たとえば旧日弁連報酬基準で算出された着手金額の7割）とし、訴訟になった場合は追加着

手金として○円（前の例でいえば残りの3割）とすることもあろう。

　金銭請求の場合、どのような場合に成果が出たとして報酬金の請求をするのか。訴訟の場合は判決で勝訴判決がでれば請求できるとする弁護士も多いと思われるが（旧日弁連報酬基準についての解説書（日弁連調査室『弁護士報酬規程コンメンタール』（電気書院、1988））13頁では、勝訴額説と回収額説との対立を紹介したうえで、前者を妥当としていた）、判決は紙切れに過ぎないから、依頼者の側からすると、現実の回収ができて初めて満足ができるので、現実に回収ができた場合に報酬金が請求できるとする弁護士も多いと思う。また、委任契約書に細かく、債務名義の取得までの着手金、報酬金を定めるほか、強制執行に至ったときの着手金、報酬金を定めるという弁護士もいる。長期分割弁済の和解をした場合、回収ができてからとすると、報酬金を請求するのはかなり先のことになってしまう。債務者の支払能力によって弁護士の報酬金の請求の時期や、報酬額が左右されるのも合理的ではないから、通常は、和解成立時に報酬金を請求することになろう。ただ、このような場合は全額回収の見込みがあるとは限らないから、支払総額の一定割合（たとえば7割程度）を基準にして報酬金を算定することも多い。旧基準14条3号は経済的利益の算定方法のうち、継続的給付債権は債権総額の7割として規定したことから、長期分割の場合はこの継続的給付と考えて、この規定によることもあった（前掲『弁護士報酬規程コンメンタール』121頁）。単純な金銭請求の場合も、さまざまな工夫をしているのである。

　損害賠償請求の場合で、相手方が責任あることは認めているが賠償額について争いがある事案において、経済的利益を、請求金額とするのか、争いのある範囲の額とするのかという問題がある。前者とする弁護士も多いが、後者とする弁護士も少なくないと思われる。旧基準は前者の立場をとっていたと思われるが（前掲『弁護士報酬規程コンメンタール』120頁では金銭債権の価額は債権の額面金額とする）、弁護士保険などについて保険会社は後者の立場を主張することもあると聞いたことがある。依頼者の側からすると、相手方が認めている額についてまで経済的利益をするのは不合理ではないかと思うかもしれないが、交渉の時点では責任を認めていた相手方が訴訟になると、全面的に争う

こともよくあることなので、委任契約の時点で争いのある額を基準にしづらいという事情もある。いずれの立場もあり得るし、具体的なケースによっても異なるものと思われるが、依頼者に説明をして理解してもらうことが肝要である。

(2) 金銭請求以外の場合

弁護士が受任する事件はこのような金銭請求の事件ばかりではないし、解決のシナリオがさまざまあるという事件もあり、このような場合の弁護士報酬の算定方法をあらかじめ委任契約書で定めておくのが難しいこともしばしばあることである。たとえば、複数の株主の間で会社の支配権をめぐって争いになっているような事件の場合、そもそも経済的利益が何なのか、会社の株式の価額を経済的利益とした場合でも、依頼者が保有している株式の価値なのか、相手方が保有する株式の価値なのか。非上場株式の場合は、受任の時点では株式の評価なども明らかでない（簡単に算出できる純資産価額では現実の評価と乖離することが多い）ので、株式の価値を受任時点における経済的利益としにくいことが多い。

このような事情に加えて、解決のシナリオが複数あり得る。会社分割などによって会社を分けて依頼者と相手方がそれぞれ別の会社を経営するという解決なのか、依頼者が会社から身を引く代わりに相手方に依頼者が保有する株式を買い取ってもらうという解決なのか、ほかの株主から株式を取得して過半数の株主になるという解決なのか、このようなドラスティックな解決ではなく、取締役の責任追及など過去の争いを解決するだけで将来の経営については特段何もしないという解決方法なのか。解決のシナリオは、依頼者の希望だけではなく、相手方の意向にもよるから受任の時点では何をもって解決したといえるのかはっきりしない。そのため、着手金や報酬金の算定が困難という事件があるのである。むしろ現実にはこのような事件の方が多い。

また、解決までのプロセスも予想できないことも多い。交渉だけで解決できればよいが、依頼者が相手方の経営責任を追及してほしいとして株主代表訴訟を提起したり、株主総会の決議取消の訴えを提起したりすることもある。訴訟を提起する都度に委任契約を締結して、着手金や報酬金を定めることもあるが、依頼者の最終的な目的が相手方との共同経営の解消だとすると、その都度報酬

金を受領すると、弁護士報酬に過剰感が生じる（あるいは「適正かつ妥当な弁護士報酬」（職務基本規程24条）とはいえない）おそれもある。

　このような場合、着手金を月額報酬として定めることがある。たとえば、予想される事務量を前提に、1か月10万円として、6か月分の60万円とし、6か月で事件が終了しないときは追加着手金を30万円と定めて着手金とするのである。ただ、事件が長期化して着手金自体が青天井になるのは望ましくないから、着手金の上限をあらかじめ定めておくのがよいだろう。報酬金は、解決のシナリオに応じて異なるだろうが、上記のようなケースの場合は株式の評価額を基準にその一定割合とすることになるのではないか。また、月額報酬の基準額が高額であれば、タイムチャージ方式に準じてそもそも報酬金は別途発生させないということもあり得る。

3 タイムチャージ（アワリーチャージ）

　執務時間に応じて弁護士報酬を算定するのがタイムチャージないしアワリーチャージといわれるものである。米国などで広く採用されていることから、従前は渉外弁護士がタイムチャージ制をとることが多いといわれていたが、弁護士保険の普及とともに一般の弁護士もタイムチャージ制を採用することが増えてきた。ただ、タイムチャージ制についての理解が十分でないためにトラブルが多いとも聞く。

　まず、どのような執務をした場合に報酬が発生するか。一般には打合せ、法廷での活動、書面や資料の作成、学説判例の調査、事実調査をするときに報酬が発生するといわれている。たとえば、日程調整のための電話、コピーをとる作業などは弁護士の専門能力を使ったものではないから執務時間に含めるべきではないという考えもあるから、これらの作業についてのチャージの方法などについて委任契約書に明確に定めておく必要があろう。事務職員を使って法務局で登記事項証明書を取得する行為なども執務時間に入れるべきではない。事務職員に多くの作業をさせることが予想される場合は、弁護士の報酬単価とは別の単価を定めておくことは可能だと思われる。

　執務時間の計り方は作業ごとに時間を計るという方法もあるが、1時間の10

分の1、つまり6分を1単位としてタイムシートをつけていくという方法などもある。

　タイムチャージ制の場合、執務時間に応じて弁護士報酬が算出されるから弁護士報酬が無限定に高額になることがある。依頼者からすると、弁護士報酬が予想できなくなるおそれがあるから、定期的にその時点での積算した報酬額を報告したり、一定の金額に達したときには報告したり、報酬の清算を月ごとに行ったりするのが望ましい。最後になって突然、高額の弁護士報酬の請求をして依頼者とトラブルになることは避けるべきである。

　タイムチャージは、着手金・報酬金制の弁護士報酬とは異なるから、事件の成果に応じた報酬金は発生しないのが原則である。タイムチャージ制をとりながら報酬金の請求をするのは、たとえ依頼者との間の合意がある場合であっても、「適正かつ妥当な弁護士報酬」ではないとされるおそれがある。

Article 2
報酬トラブル防止法

山下　善久

1　説明内容

　受任の範囲や弁護士報酬などをめぐる依頼者とのトラブルを防止するため、弁護士は、受任に際し、依頼者に対する報酬などの説明および弁護士報酬に関する事項を含む委任契約書の作成が義務づけられている（職務基本規程29条、30条）。

　それでは、受任の際の説明内容について、『弁護士懲戒事件議決例集』に掲載された事例を参考にして説明してみる。

(1)　弁護士報酬体系が時間制（タイムチャージ）の場合

　弁護士の報酬体系がいわゆる時間制（タイムチャージ）であること、これは、稼働時間に稼働弁護士の時間単価をかけ合わせた金額を弁護士報酬とする制度であること、すなわち、調査の成果や訴訟ならその勝敗とは無関係に報酬が発生すること。さらには、案件に携わる弁護士の時間単価、報酬請求の時期（定期的か、あるいは案件の終了ごとか）、実費の清算時期など適切な事項を説明しなければならない。

(2)　着手金が高額な場合

　高額な着手金を定める場合には、受任の際に、受任の内容、受任の範囲、たとえば、民事事件だけなのか、刑事事件を含むのか、その受任の処理方針についても十分説明をし、依頼者に納得してもらわなければならない。

(3)　本案提起の前に保全手続をする場合

　依頼者によっては、保全処分と本案自体の区別さえ困難であり、ましてこれら2つの手続の選択や各別の報酬請求権が発生するなど、予期できない依頼者もいる。受任の際に、保全手続の着手金、保全手続で解決した場合の報酬、保全手続が解決できず本案を提起するに至った場合の着手金、本案での解決の報

酬について説明しなければならない。

これに関連して、交渉から調停、調停から裁判に移行することが予想される場合は、受任の際に、交渉、調停、訴訟ごとに別途支払う必要があるのか、報酬についても解決した段階で金額が違ってくるのか、違ってくるのであれば違ってくる理由、その違ってくる金額を説明しなければならない。

(4) 弁護士報酬金が高額になる場合

報酬金が高額になる場合には、報酬金を算定する経済的利益の評価については、恣意的かつ独善的であってはならない。客観性のある資料に基づき評価し、その評価方法を説明し、その評価金額により算定することを説明し、依頼者に納得してもらわなければならない。

2 委任契約書の記載事項

弁護士が受任に際し、説明した内容について依頼者と合意ができた事項について記載することは当然のこととしても、トラブルを防止するため、預かり金から費用、着手金、報酬金を差し引くことのできる弁護士報酬の相殺等の条項、さらには、依頼者に途中で解任された場合のみなし成功報酬の条項も記載しておく必要がある。

3 委任契約書を作成しなかった場合にも弁護士報酬を請求できるか

ところで、上記のとおりトラブルを防止するため、委任契約書の作成が義務づけられているが、それでも委任契約書を作成していない弁護士がいる。委任契約書を作成していないことはもとより、報酬についても別段の定めをしていない場合もある。この場合、弁護士報酬を請求できるのか。

弁護士と依頼者との間に別段の定めがない場合について、最判昭和37・2・1民集16巻2号157頁は、「事件の難易、訴額及び労力の程度だけからこれに応ずる額を定むべきではなく、当事者間の諸般の状況を審査し、当事者の意思を推定して相当報酬額を定むべきである」と判示しており、東京地判平成19・8・24判タ1288号100頁は、「特約がなくても黙示の合意による報酬支払義務を認めるできであり」としている。

下記事案は、個別に委任契約書を作成していなかったが、顧問契約書には、弁護士報酬については所属会の報酬基準による旨が定められていた事案であるが、東京地判平成25・6・14（判例集未登載）は次のとおり判示した。
　弁護士Ｘは、甲社との顧問契約締結後、同社から数件の訴訟事件および債権回収事件、交渉事件を受任し、訴訟事件の中には甲社が原告となり損害賠償請求事件を提起した事件もあった。その事件で、弁護士Ｘは、一部認容判決を受け、その判決が確定し、その確定した債務名義により、被告の預金等に債権差押および転付命令をなし、弁護士Ｘの預かり金口座に振込回収した。弁護士Ｘは、それまでの受任事件の未払の着手金、報酬金などの金額の請求書を送付したあとに、預かり金の一部と未払報酬等の債権と相殺する旨のメールで通知し、内容証明郵便で重ねて相殺の意思表示を行ったうえで、相殺後の残金を甲社に送金した。
　ところが、甲社は、相殺の効果を自認する部分を差し引いたあとの金額の不当利得を求めて訴訟を提起した。
　東京地裁は、甲社の社長は、従前から損害賠償請求事件に勝訴した場合はそれまでの未払の弁護士報酬などを含めて支払うことを約束していたこと、その支払約束のもと弁護士Ｘは、支払合意書を作成し、その合意書の内容を弁護士Ｘと確認のうえ、これを押印返送することを前提に持ち帰り、その後返送はしなかったものの、その内容について異論を唱えず、その後も弁護士Ｘに断続的に事件を依頼し、弁護士Ｘもこれを受任して遂行していることなどから、黙示の支払合意が成立したと認定し、報酬請求権を認めた。
　また、弁護士Ｘは未払報酬等の債権と預かり金返還債務とを相殺しているが、その相殺の効力について次のとおり判示している。
　弁護士Ｘが相殺権を行使したのは、顧問先である甲社が原告となった損害賠償請求事件の判決が確定し、その確定した債務名義により回収したあとであり、顧問先が被告として訴えられた別事件の控訴中であったが、裁判所は次のとおり相殺は有効であると認定した。
　弁護士Ｘの顧問先甲社に対する報酬等債権は、上記甲社が原告となり訴えた損害賠償請求事件の判決確定により期限が到来したというべきところ、顧問契

約の内容を構成する所属会の東京弁護士会の旧報酬規定（同規定は、弁護士会の規定としては現在効力を失っているものの、顧問契約がその内容を引用する限りでは、契約上の合意内容としての効力は維持されているものと解される。）46条1項は、依頼者が弁護士報酬又は立替実費等を支払わないときは、依頼者に対する金銭債務との相殺を認めているのであるから、請求書記載の期限の経過後に弁護士Xの行った相殺は、民法の相殺の要件を充足しているのみならず、顧問契約上も許容されており、甲社がこれを非難する筋合いではないと判示し、相殺の効力を認めた。

　上記のとおり弁護士が委任契約書を作成しなかった場合でも、弁護士報酬が認められないわけではないが、その場合には報酬の額をめぐって依頼者との間にトラブルになるおそれがあるので、委任契約書は作成しておく必要がある。

Article 3
預かり金の適正処理

山中　尚邦

1　なぜ弁護士が依頼者のお金を預かるのか

　弁護士は、裁判や契約締結交渉などの職務遂行の中で、依頼者の財産権を左右する重い責任を負っている。現実にも、依頼者から、保全事件の保証金を預かったり、相手方から、和解金や交通事故の示談金を受領するなど、高額な資金を一時的に預かる場面があるが、合意した和解金の受領を確認したり、預かり金の中から諸経費を支払うなど受任した事件を円滑に処理するために、依頼者から資金を預かる必要があるともいわれる。

　預かり金の取扱いについては、弁護士は自己の金銭と区別して保管し、状況を記録し、委任終了時には、金銭を清算し、依頼者に遅滞なく預かり金を返還しなければならない（職務基本規程38条、45条）。また、日弁連の「預り金等の取扱いに関する規程」では、一事件または一依頼者あたり50万円以上の預かり金専用口座での分別保管（14営業日以上預かる場合）、相手方らからの預かり金受領時の通知、収支明細の記録、職務終了時の報告、弁護士会の照会に対する回答などを義務化して、預かり金の取扱いを厳密に規定している。

　しかし、依頼者からの預かり金を流用する事件があとを絶たず、平成23年ないし24年には億単位の巨額な預かり金の使い込み事件が発覚して、大きな話題となった。

　弁護士であれば、自己の占有する他人の財物を不法に領得すれば、横領罪が成立することは百も承知のはずである。

　なぜ、このような事件が起こってしまうのであろうか。

2　弁護士が預かり金を流用する原因は何か

　ある高名な弁護士から、あるとき、預かり金の残高が依頼者からの預かり金

合計額を下回っていることに気づき愕然とした、という話を聞いたことがある。ウッカリ型ともいえるケースである。

　かなり以前は明確な規則がなかったが、現在は、前記のとおり弁護士自身の金銭と預かり金を区分して保管することが義務づけられているから、預かり金をついウッカリ流用したという言い訳はなかなか通用しない。

　また、預かり金の流用による懲戒事例はベテランの弁護士に多い、といわれている。年齢を重ねると、同世代もリタイアし、自然と依頼者も減少してしまうことも増えてくるであろう。手元資金が不足すると、少しくらいなら許されるだろうと思い、事務職員の給与・事務所賃料などの事務所経費や生活費の資金繰りに流用してしまうことも起こり得るであろう。

　以前なら、弁護士資格を有していれば、事件の依頼を受けやすかったのかもしれない。多額の成功報酬を受け取った経験もあるだろう。それゆえ、一時的に預かり金を流用しても、いずれ穴埋めは可能だと考えたのではないか。

　しかし、昨今は弁護士人口も増加し、弁護士資格があるだけで自然に依頼者を獲得することは難しくなりつつあるから、流用する金額が増え続けて、預かり金の穴埋めもできないまま、依頼者から懲戒請求を受けることになってしまう。収入不足型の第1類型といえるだろう。

　ベテラン弁護士の預かり金流用を増加させている原因の1つに、成年後見人による被後見人の財産の費消事例がある。成年後見人に限らず、不在者財産管理人や相続財産管理人、遺言執行者といった地位を利用して、預かり金を流用する例が目につくように思う。収入が減少しつつある中で、多額の資金を預かった弁護士が陥ってしまう落とし穴であろう。収入不足型の第2類型といえる。

　高齢化社会の中で、社会的弱者である高齢者を支えようと真剣に考え、成年後見人に就任する弁護士がほとんどだが、収入の低下を補うために、成年後見人に就任する弁護士がいはしまいかと心配になる。

　さらに、成年後見人などにかかわる不祥事事例については、競争が激化しているといわれてきた東京や大阪の大都市だけではなく、東京・大阪に近接する都市や中小の地方都市でも、懲戒処分を受ける事例が目立ってきているように感じられる。

3 預かり金の流用が増えている原因は何か

　近年、弁護士会から懲戒処分を受ける件数が増加傾向をたどっている。懲戒処分の理由が何であれ、ひとたび、懲戒処分を受けてしまえば、顧客が離れて行き、業務停止期間が経過しても、十分な量の業務を得ることは難しい。非弁提携業者が、そういった状況に陥った弁護士に接近してくることがある。弁護士が、藁をも掴む気持ちで、非弁提携業者と手を組むと、事務所の業務は、非弁提携業者とその関係者に仕切られ、預金通帳と印鑑も預けたままとなってしまう。挙げ句には、弁護士は見放されて、債務整理事件の弁済代行や過払い金の返還などで生じた預かり金の口座残高は霧のように消えてしまう。収入不足型の第3類型だが、業者支配型というべきかもしれない。

　最終的に、その弁護士に再び懲戒処分が下されたり、破産手続開始決定を受けたり、行方不明となったり、刑事事件で有罪判決を受けたりという結果につながりやすい。残念ながら、この類型に陥ると、通常の弁護士に復帰することは不可能に近いのではないか。

　次に、最近、収入不足型の第1類型と第2類型は、超ベテラン弁護士の独占領域ではなくなってきている点も注意すべきだろう。若手といわれる30～40歳代の弁護士でも、預かり金を流用して懲戒処分を受けたり、逮捕されて実刑判決を受けたりする事例が目立つようになってきている。

　個々の事例の詳細は不明であるが、独立して法律事務所を開設しても、依頼者層を十分に開拓できないまま、経営に窮して、依頼者の預かり金に手をつけてしまうのかもしれない。

　では、流行っていない弁護士だけが預かり金を流用するのかというと、そうとは限らない。かつて話題になった巨額な横領事例は、働き盛りで依頼者層を相当に確立しているように見られていた弁護士の例と聞いている。

　着手金や報酬などの収入に余裕があれば、金銭の管理がルーズになりやすい。収入の増加に合わせて、自宅購入、遊興など出費も増えてくるであろう。他方で、業務が多忙で、受任事件の処理が手に余るようになると、一つひとつの事件を誠実に大切に処理しようという意識が薄れてしまうかもしれない。顧問先・依

頼者からはそれ相応の信用があるので、顧問先・依頼者も安心して多額の預かり金を委ねてしまう。しかし、膨張した固定経費・家計を支出し続ける一方で、事件処理は滞留しているから、依頼者に未解決であることを隠すために、ほかの依頼者の預かり金を流用し出すと、流用金額は雪だるま式に膨らんでしまう。

この派生型として、中堅の弁護士でも、夜の店で豪遊して遊興費を使うなど自己の欲望を制御できなくなり、預かり金を着服した事例も出てきている。出費過剰型または見栄張り型というべきであろう。

同期や後輩の弁護士に見栄を張る一方で、事件の処理や進行の管理を放棄した状態に陥り、最後には、自己の資金と預かり金を全く区別せず、その場限りでのやり繰りをする状態になっていたのであろう。

4 預かり金の流用は防げるか

従来、弁護士は、医師と並んで、所得水準もある程度高く、世間からは富裕層と思われていたが、弁護士人口が増加した現在では、業務のあり方や所得水準も多様化が進んでいる。今後の弁護士は特権階級的な意識を捨て、収入が減少したときは、身の丈に合った生活を心がけ、見栄を捨てて出費を切り詰めるべきであるし、自らの業務量を適切に調整する必要がある。

弁護士は年間収入の予測ができない業種である。よいときばかりではないから、早い時期から老後に備えたライフプランを立てて実行する必要もある。

弁護士は各々が独立した一事業者であり、特定の機関がすべての弁護士を対象に資金移動を監視することは不可能に近い。弁護士は職務基本規程などの規則を遵守しなければ、重大な結果を招くことを肝に銘ずべきである。

第5章

事務所運営の経験学

Introduction

　弁護士の活動拠点は法律事務所であるが、その運営は、本当に難しい。天賦の経営才覚をもつ人は、事務所を見事に運営し、新規顧客層の開拓、新人弁護士の積極採用、一等地の最新ビルへの移転などを実現して業容をますます拡大していく。これに対し、その才に全く恵まれない人は、郊外の小さなワンルームマンションを借り、奥さんを事務職員として細々と事務所を営んでいる。この経営の才覚は、実践によって磨くこともできるが、経営の神様と称される天才経営者を見てもわかるように、もって生まれた才能があるのであって、誰もが努力の末に天才の域に達することができるわけではない。

　ごく普通の弁護士は、天才的な経営能力を備えていなくとも、独立すれば否が応でも事務所を運営していかなければならない。事務職員の採用と教育、事務所の賃借と管理、什器備品やOA機器の管理は、大半の弁護士が直面するであろうし、業容拡大を志向する人は勤務弁護士の採用と教育も行わなければならない。事務所経営は、最初は、他人の見よう見まねでもあろうし、本で得た知識を精一杯活用することでもあろうが、やがて自分の型が形成されてくる。自分の型が独りよがりでもいけないが、その立ち位置を検証することもなかなか難しい。

　本章では、事務所のマネジメント術、弁護過誤を避ける事務職員教育、共同事務所運営の難しさをテーマとするDiscussion（座談会）を開き、「勘所2項」「事務職員教育」「思いやりと忍耐」の3本のArticle（論考）を登載した。事務職員教育を失敗したために弁護過誤訴訟を起こされ、敗訴した例は少なからずある。おそらく、裁判に至らない事務職員によるミスは、日常茶飯事なのではないか。ミスを完全になくすことは不可能であるが、裁判に発展するミスは完全になくさなければならない。また、現在共同事務所に所属する弁護士は、全体の8割に達している。しかし、不幸な分裂もかなり見受けられる。

　若手の弁護士がこれからの事務所運営を考える際の参考にしていただきたい。

（髙中　正彦）

●Discussion●
事務所運営をめぐって

1 事務所のマネジメント術とは

◆ 経営者弁護士の資質

藍田 先輩から、事務所を円滑に経営していくためには、資金関係・人間関係を含む多くのマネジメント上の課題を克服していかなければならないといわれました。経営者弁護士としては、どのような資質が求められるのでしょうか？

黒山 私は、そもそも経営センスがなく、そのため事務所も零細な形態になっていますが、そんな私でも、事務所の経営をするには、経営能力が必要だと思っています。経営能力は、外に向けては新規顧客を次々に開拓していく能力と、内に向けては構成員を1つにまとめ設定目標の達成に向けて走らせていく能力とに分けることができるのでしょうが、ひらめきとセンスに頼る部分がかなり多いといわれています。天性の経営能力をもった弁護士がいますが、その数は少ないように思います。天性の経営能力がない一般の弁護士は、日々の修練で身につけていくほかありません。

　それにしても、30数年の経験から、資金繰りは、ある程度見通しがつけられるようにはなりましたが、支払日である25日が来るのが実に早いのです。25日に勤務弁護士と事務職員の給与・事務所の賃料を支払うと、ホッとひと息つきますが、翌日からは翌月の25日に向けて頑張っていく日々を送っています。

白丘 法律事務所を運営する弁護士は、企業でいえば、営業部長、経理部長、総務部長を兼任するようなものだと思います。複数の勤務弁護士や複数の事務職員がいれば、人事部長も兼任することになります。共同事務所であれば、これらの役割を分担するのでしょうが、オーナー事務所では、そうはいきません。しかし、そうはいっても経営者弁護士の資質をはじめから

完璧に備えている人はごくまれでしょう。そもそも突出した経営能力をもっているのであれば、実業界に打って出るべきでしょう。日々身につけていく方法でよいと思います。

茶村 私の周囲を見ますと、これはとてもかなわないという人がまれにいます。営業能力が半端ではないのですね。頭の下げ方、心を捉える話し方、名刺の出し方すべてが超一流の営業マンなのです。しかし、共同事務所では、このような突出した営業能力のある人とうまくやっていくことはなかなか至難だと思います。共同事務所は、お互いを認め合い、助け合っていくことが基本だと思います。それがなくなったら、別れるほかないと思いますね。

◆ **共同事務所の人間関係**

藍田 皆さんは、いずれも共同事務所の構成員ですが、事務所の人間関係（勤務弁護士、事務職員）の維持のために、どのようなことに気をつけていますか？

茶村 私は、同期の弁護士と2人ですから、とにかく喧嘩をしないように気をつけています。お互いに時間が許せば、パートナー弁護士と一杯やるようにしています。

白丘 私は、挨拶に気をつけています。勤務弁護士に対しては当然のことですが、事務職員に対しても、仕事のパートナーとして接しています。ある弁護士から聞いたのですが、勤務弁護士が事務職員に対して命令口調で「お茶！」と怒鳴ったら、事務所内の関係がギクシャクし出し、結局その勤務弁護士は退所したとのことです。些細なことですが、本質的なことを示していると思います。

黒山 私は、勤務弁護士1人がいるだけなので、悠々自適のような弁護士生活を送っていますから、基本的に気を遣いません。ただし、私が勤務弁護士であった頃は、「イソ弁に人格と人権はない」といわれ、まさに中世における徒弟のような扱いが普通だったのですが、いまは、そうはいかないでしょう。

茶村 しかし、いま大都市部では、「ブラック事務所」が問題となっています

から、注意が必要です。私が聞いた「ブラック事務所」は、修習生の際の事務所訪問ではニコニコしていたのに、入所した途端「おまえは馬鹿か」「早くやれ」と怒鳴りまくられているとか、採用時には一般的な額の給与を支払うといいながら、10万円の基本給に歩合給だといわれたという話も聞こえてきます。いずれも東京の事務所ですが、いつかほかの大都市にも広がっていく可能性もありますから、要注意です。それにしても、弁護士というのは、一般に、外面(そとづら)がよく、内面(うちづら)が悪いですね。私は、違いますが（笑）。

藍田　出張したときのお土産はどうしていますか？

茶村　私は、原則として、新幹線に乗ったときと飛行機に乗ったときには、お土産を買うようにしています。買うのは、事務所で分けやすいお菓子などの食べ物です。

白丘　夏休みなどに遊びに行った場合のみ、お菓子のお土産を買います。仕事で北海道や九州に出張することもありますが、仕事なので、お土産は買いません。仕事と遊びで明確に区別しています。

黒山　私は、日帰りのときはお土産を買いません。1泊以上したときは、仕事であれ遊びであれお土産を買うようにしています。「気は心」といいますが、比較的安いお菓子が中心です。

◆　**事務所の場所と設備**

藍田　事務所の開設場所・広さ・備品などについて、どのような工夫をしていますか？

茶村　事務所は、弁護士の活動拠点ですが、依頼者にとってみれば、これから依頼する弁護士がどんな人なのかを測る物差しの1つになりますから、外観も大切だと考えています。エントランスは、重厚さが感じられるように工夫し、応接室も、風景の絵を飾り、お客さんに緊張させないようにしています。応接室の机と椅子は、打合せに便利なテーブル式としています。昔は、応接セットが普通だったと聞きますが、いまは少なくなっていると思います。

白丘　事務所は、顧客層によって開設場所・広さ・備品が決まってくるでしょう。上場企業をはじめとする企業の依頼者が多いのであれば、ビジネス街

のビルの一室に開設し、大きな会議室など広さも適度に必要だと思います。備品もあまり安っぽいものは避けるべきでしょう。これに対し、一般市民が主たる顧客層であれば、中心部の最新インテリジェントビルの一室とかあまりに高価に見える備品とかは避けた方がよいと思いますね。いずれの場合でも、交通の便がよいところであること、清潔感があり、過美な装飾は避けることが必要でしょう。

黒山 白丘さんのいうように、事務所は、その弁護士が何を考え、何をしようとしているのかを如実に映す鏡だと思います。東京にある弁護士数数百名の大規模事務所と、勤務弁護士1人の私の零細事務所とでは、場所も広さも備品も全く違います。自分はどういう弁護士になりたいのかをじっくりと考えれば、事務所の場所・広さ・備品は自ずと決まってくるのではないでしょうか。ただ、1つアドバイスをすると、一度購入した応接用テーブルや椅子、執務机などの備品は、数年で買い換えることはなかなかできないということです。現に、私の執務机は、独立したときからずっと使い続けていますし、応接用テーブルの1つも、独立時のものです。あまり安価なものは考えものだと思いますね。

◆ **資金繰り**

藍田 先輩からは、事務所の資金繰りが本当に大変だと聞いていますが、資金繰りがショートしそうになったことはありますか？　そのときは、どのようにして乗り切ったのですか？

白丘 幸せなことに資金繰りに行き詰まったことはありません。いまの事務所の開設資金、つまり賃貸借保証金、什器備品代金は銀行から借り入れましたが、何とか返済できています。

茶村 私も、新しい賃貸マンションに引越しをしたばかりですが、何とかやっています。今月の支払は大変になりそうだと思っていると、思いもかけない新件が舞い込んだりします。そんなときは、「世の中に神様は絶対に存在する」と思いますね（笑）。

黒山 私は、資金繰りに窮した経験がありますね。独立した3年目のことですが、予定していた弁護士報酬の支払が遅れ、給与と賃料の支払日が来たの

に、20万円の資金がショートしたのです。直前に、自宅を購入してそれなりの資金が出ていったことが原因でした。そのときは、当時元気だった父親に泣きつきました。すると、1週間後に予定した弁護士報酬の支払があり、すぐに返済したのですが、キャッシュ・フローの重要さを身をもって知りましたね。私は、浪花節なのですが、自分の生活費は削っても、勤務弁護士と事務職員の給与、事務所の賃料の支払は絶対に遅滞しないと誓って事務所を始めたのですね。いままで一度として支払遅延をしたことはありません。笑い話ですが、父親に資金援助をしてもらった直後にある弁護士が横領で逮捕されたことがテレビで大きく報道されました。これを見た母親から電話が入り、「おまえは大丈夫か」と聞かれたときは、参りましたね（笑）。

茶村 転落した弁護士は、黒山さんが遭遇した難局で依頼者の預かり金に手をつけてしまうのですね。とにかく、高額の弁護士報酬が入ったときこそ、計画的に管理することが本当に大切ですね。弁護士は、顧問料などを除き収入は安定しませんが、経費の方は固定的ですから、実は資金のやり繰りはさほど難しくないのです。数か月間は収入がないことを見込んで貯蓄をしておけば、資金ショートすることはないと思います。失敗するのは、高額な報酬が一度入ると、将来もこれが続くと勘違いして、高い賃料の事務所へ移転するなど高額な固定費にしてしまう場合です。

白丘 固定収入としての顧問料は、資金繰りという点ではありがたいものです。理想は、顧問料収入で固定費が支払えることですが、半分くらいあるとかなり楽になります。私は、弁護士は収入の柱を4本くらい作るようにすべきだと考えています。もちろん、3本でもよいのですが、要は、安定的な収入源を複数確保しておくことが望ましいという持論です。そのためには、顧問料とは別に定期的に個別事件の依頼がくる顧客を作っておくことも有益です。たとえば、損保会社からの交通事故案件、金融機関からの債権回収案件などです。裁判所からの破産管財事件もこれに入るでしょう。1社の顧客に依存した経営形態ですと、その会社が倒産したり吸収合併されたりすると、たちまち収入の道が閉ざされてしまいます。企業が安定的な販

売先を複数確保するようにするのと同じです。専属下請けが元請会社と運命共同体となることはよく知られたことです。

◆ **税務処理**

藍田 税務申告は、自分でしていますか？

黒山 私は、日々の記帳と申告書の作成は妻にしてもらっています。事務所の規模が大きくなれば、当然税理士に頼まなければ申告書を作成できませんが、勤務弁護士1人の小規模事務所ですから、妻に青色専従者になってもらい、帳簿と申告書を作成してもらっています。私の収入の全容が妻にわかってしまいますが、特に問題はありません。

白丘 私の場合は、事務所に複数の勤務弁護士がおり、事務職員もそれなりにいますので、税理士に依頼しています。1か月単位で経費の領収証などを税理士に送っています。

茶村 私は、共同事務所を開設して間もないことから、会計ソフトを使って記帳と申告書は全部自分で作成しています。経費の整理方法ですが、経費科目ごとに領収証を貼り付けておき、1か月に1回整理します。事務所が大きくなったら、とても自分ではできませんし、経理処理に割く時間を仕事に振り向けたいので、税理士に依頼しなければならないと思います。

藍田 納税資金の確保については、どのようにしていますか？

白丘 納税資金は、日々の業務に使う通帳に預けておかずに、定期預金にしています。ただ、予定納税がありますから、そのような定期預金を組むのは、大きな収入が入った場合に限られます。

黒山 私が弁護士になったときに、ある弁護士から、「もらった弁護士報酬の半分は、自分のものではないと考えなさい」といわれました。そのときには、意味がわかりませんでしたが、その後ある年にかなりの額の弁護士報酬をもらったときに、いやというほどその意味がわかりました。所得税、都道府県民税・市町村民税、事業税のほかに、予定納税もあり、半分以上が納税に回ったのですね。いまは、消費税が加わりますから、半分では済まないでしょう。収入額によりますが、半分以上をとっておいた方がよいこともあると思います。それにしても、まとまった弁護士報酬があったときは、

かえって無駄遣いをしないように注意しますね。根が貧乏性なのでしょう。

茶村　私の知り合いの弁護士で、かなりの額の弁護士報酬をもらったときに、その全額を住宅ローンの繰り上げ返済にあててしまい、翌年度に、納税資金の確保で地獄の苦しみをした人がいます。この人は無駄遣いをしたのではありませんが、税金を見越した資金計画をしなかったことが敗因ですね。聞くところによると、納税資金調達のために銀行から借り入れを起こし、住宅ローンより高い金利での返済をする羽目になったそうです（笑）。

Coffee Break ——事務職員の教育①

出納帳

　事件受任の際に、着手金とは別に、印紙代、予納郵券代などの実費相当分を、預かり金として受け取っている弁護士は割と多いのではないか。

　預かり金の管理に関しては記録義務があるし、事件終了時の収支報告に備えるために（預り金等の取扱いに関する規程7条、8条）、事件ごとに預かり金の収支は明瞭にしておかなければならない。昔は事件ごとに手書きの出納帳を作っていたのであろうが、いまではExcelのような表計算ソフトを使う方が主流であろうし、設定が確かなら計算間違いも起こらない。さらに、事件ごとに作成した預かり金ファイルの残高合計額のセルを別のファイルに抽出して一覧表にしておけば、預かり金口座の残高が預かり金総額を下回っていないかを確認したり、定期的に預かり金口座から事務所経費口座に振り替えるときに便利である。

　逆に、個人が依頼者の事件などで実費を着手金に含めて受け取る弁護士もいまだにいるのではないか。その方が預かり金の収支計算をする手間が省けるが、一方では、不動産・戸籍などの調査などに実費を使えば使うほど、着手金の手取り額が減っていくし、わずかだが消費税も増える。

　一長一短があるので、どちらを選ぶか弁護士の考え方次第である。

（山中　尚邦）

藍田　家庭の生活費と事務所の運営費とはどのように区分していますか？

黒山　妻が事務所の経理をしていますから、妻が毎月一定額を抜いていきます。私の了解なく生活費の額が増えていくのは納得しがたいものがありますが、やむを得ません。

茶村　私は、毎月一定額を妻に渡しています。妻の友人に同じ弁護士の妻がいて情報交換をしており、しばしば増額の要求がなされますが、何とか踏ん張っています。妻は、私の収入を知らないのですが、これはよい面と悪い面がありますね。よい面は、多額の収入があったときにそれなりの小遣いが使えることですが、悪い面は、収入が少ない月でも何の弁解もできずに定額の生活費を渡さざるを得ないことです。私の場合は、悪い面ばかりですが（笑）。

白丘　私も、一定額を妻に渡しています。収入の少ないときに経費を支払うための資金を確保しておくには、弁護士自身が、これをやる必要があるからです。事務所経営のための蓄えと、生活のための貯蓄と2つの備えをしています。

2　弁護過誤を避ける事務職員教育とは

◆　事務職員の仕事

藍田　事務所のボスに聞いたのですが、一昔前は、和文タイプで書面を作成し、銀行窓口に行って送金をし、急ぎの書面を裁判所に届けるなどの業務があったが、最近は、ITの進展に伴って事務職員に担当してもらう業務が少なくなっているとのことです。皆さんは、事務職員にどのような業務を担当させていますか？

黒山　確かに、事務職員に担当させる仕事は、昔に比べると大きく変化していますね。私が弁護士になった頃は、和文タイプで訴状や準備書面を作成しましたから、弁護士1人について事務職員2人が必要といわれていました。また、電話しか通信手段がありませんでしたから、事務所には電話が頻繁にかかってきました。弁護士5年目から6年目くらいにワープロが開発されましたが、1台数百万円もしました。やがてワープロも価格が大幅に下

がって、法律事務所に一気に普及しました。ファックスも同じで、昔は、コピーとの複合機などはなく、ファックス専用機を設置していたのです。しかし、OA化が飛躍的に進むと、事務職員の仕事もなくなってきています。メールの普及で電話がかかる頻度は急減しましたし、内容証明郵便の提出や各種の送金もインターネットでできるようになりました。お茶出しも、ミニペットボトルを応接室の簡易冷蔵庫に入れておき、お客さんにとってもらう方式が珍しくなくなってきました。裁判所への書類提出も、ファックスで済ませることが多くなりました。このような状況なので、事務職員に何をしてもらうかを真剣に考える毎日です。

白丘　私の事務所では、事務職員にパラリーガルとして活躍してもらうようにし、執行の申立書、破産や個人再生の申立書など簡単な書面の作成を担当してもらっています。たとえば、破産申立の添付書類などは事務職員に作成させています。もちろん、非弁の問題がありますから、すべて弁護士がチェックするようにしています。準備書面などについての誤字脱字のチェックはもちろんですが、いい回しのおかしなところのチェックもやってもらっています。お茶くみ、コピー、電話応対が事務職員の仕事であった時代は、終わったのかもしれません。

茶村　執行や破産といった定型的な仕事がない事務所では、お茶くみ、コピー、電話対応、請求書・領収書の発行といった従来の業務を事務職員にやらせているようです。そのような事務所では、1人の事務職員を複数の弁護士でシェアしているところが多いと思います。

◆　**事務職員教育**

藍田　事務職員はどのように採用し、どのように教育をしていますか？

白丘　弁護士会に求職情報が掲示されているので、それを見て採用したり、弁護士会のホームページに求人情報を掲載して応募者の中から採用したりしています。地方都市では、法律事務所は就職先としてなかなか人気があるようで、縁故採用がかなりあると聞いたことがあります。事務職員教育ですが、先輩事務職員に付いてのOJTですね。ただ、弁護士会で事務職員研修をしてくれることがあるので、それには参加してもらっています。

黒山 採用は、昔ながらの日刊新聞に求人広告を掲載する方法です。教育は、日々の仕事をしながら覚えてもらっています。

藍田 事務職員の福利厚生は、どのようにしていますか？

白丘 暑気払いや忘年会のほか、修習生、新人弁護士や新人事務職員の歓迎会など節目ごとに事務所所属の全員での会食会をし、年1回の事務所旅行もしています。旅行先は、勤務弁護士と事務職員の投票で決定していますが、数年に1回は2泊3日の海外旅行もあります。事務所で大半の費用を負担しますが、毎月小額の積立てもしています。

茶村 暑気払いと忘年会をやっていますが、それ以外では会食会はやっていません。事務所旅行は、知人の弁護士の事務所と合同で、国内に1泊です。

黒山 私の事務所は、忘年会だけです。その代わり、残業代は正確に計算して支給するようにしていますし、有給休暇もきちんととってもらっています。これらのことは雇用主として当然のことなのですが、一部の法律事務所では、サービス残業があるといわれ、有給休暇も法定どおりにとらせていないところがあると聞いています。注意すべきですね。

白丘 私のところは、法定休暇のほかに法定外休暇も付与しています。また、育児のための休暇や時短勤務も認めています。

◆ **事務職員の失敗**

藍田 事務職員に仕事上の失敗は付きもののように思いますが、どのような失敗がありましたか？　そのリカバリーについてもお話しください。

茶村 事務職員のミスは、結構あります。さいたま地裁の川越支部に送っておくように指示したら、越谷支部に送ってしまったとか、相手方代理人にファックスするように指示したら、相手方本人にファックスしてしまったなどです。相手方本人にファックスしたときは、その代理人から激しく怒鳴られました。

黒山 私は、自分もおっちょこちょいなので、しょっちゅうミスをしていますから、事務職員のミスはあまり責めないように努めています。

白丘 弁護過誤判例の中に、事務職員に起因するものがあります。新米事務職員が判決の送達日を間違えて弁護士に伝えてしまい、控訴期間徒過によっ

て控訴却下になった例です（横浜地判昭和60・1・23判タ552号187頁）。また、書証の原本に書き込みをして懲戒になった例がありますが、おそらくこれは事務職員が書いたのではないかと推測されます。事務職員は、依頼者に対する関係では履行補助者の地位に立ちますから、その過失はイコール弁護士の過失となります。事務職員には、常に緊張感をもって仕事

Coffee Break ── 事務職員の教育②

付箋紙

　弁護士と事務職員の関係は車の両輪のようなもので、弁護士が事務職員に正確かつ円滑な指示をしなければ、業務は前に進まないし、ときには間違った方向に進むこともある。雇用関係が長ければ、弁護士が何を期待しているかあうんの呼吸で、事務職員に理解してもらえる場合もあるかもしれないが、一般的ではない。

　弁護士が事務職員への指示を口頭で行う場合、弁護士の言い間違いや事務職員の聞き間違いというミスが生ずることがあるし、そもそも顔を合わせないと、指示ができないので、弁護士が地方出張のときなどは指示ができない。

　指示する事項を書いたのり付の付箋紙を事務職員の机の上に置いておく方法もあるが、メモを書くこと自体が弁護士にとって煩瑣なときもあるし、何かの拍子にはがれ落ちることもある。その対策としては、録音機やメールを送るなどいろいろな方法があるだろう。

　事務職員に指示する業務は書面のコピーや提出、郵便物の発送、ファイルの作成など定型的な業務が多いので、私は、これらの業務をほぼ網羅した指示票を作り、指示したいときに該当する事項に○印か✓印を付けるだけで、何を求めているかわかるようにしている。弁護士それぞれ自分なりに、効率的で正確な指示方法を工夫したい。

　　　　　　　　　　　　　　　　　　　　　　　　　（山中　尚邦）

に取り組むように指導することが大切ですが、他方、事務職員の行った仕事を鵜呑みにせずに検証する姿勢も求められていると思います。もちろん、事務職員を信用していない態度を見せることは禁物ですが。先ほどの横浜地裁の弁護過誤の例では、入所したばかりの事務職員に対して判決の送達日の重要性をあらかじめ教育しておかなかったことが敗因ですね。

◆ **隣接士業との関係**

藍田 隣接士業、特に司法書士とか税理士とはどのように付き合っていますか？

黒山 私は、司法書士とは互いに仕事を紹介し合う関係を構築するようにしています。登記申請業務は、弁護士の職務範囲なのですが、自ら登記申請業務はせずに司法書士に紹介しています。事務所の近くに事務所を構える司法書士と私の出身地に事務所を構える司法書士に振り分けて紹介しています。その2人の司法書士からは、適宜事件の紹介があります。税理士については、知り合いが1人いますが、税務でわからないときに無料で相談し、税理士からは無料の法律相談をときどき受ける関係です。私の知り合いの弁護士ですが、ある税理士と顧問契約を締結して顧問料を支払い、税務に関する相談をしばしばしているとのことです。税務に関する弁護過誤はかなり多いのですが、これを回避するための有効策の1つといえるでしょうね。

白丘 私も、司法書士や税理士との付き合いがあります。隣接士業、特に税理士は、中小企業を中心に一定の依頼層があり、顧問税理士として法律相談を受けていることが実際には少なくないと思います。そして、自分の手に負えない相談案件については弁護士にお願いしたいと思っているはずです。税理士などの隣接職種と親しい関係を作れば、その依頼層が自分の依頼層にもなってくるわけです。社会保険労務士や行政書士についても同じでしょう。

茶村 司法書士や税理士も、弁護士との関係を築いておきたいと考えていますから、さまざまなチャンスを捉えて名刺交換をしておくことがよいと思います。定期的に情報交換をするために、一緒に食事をする間柄になるのも

有用でしょう。

3 共同事務所運営の難しさとは

◆ 独立したいきさつ

藍田 共同事務所には、大きく分けて、ボス弁イソ弁型・経費共同型・収支共同型があり、最近は、間借り型もあるといわれています。イソ弁ボス弁型は、皆さんが経験したと思いますが、そのボス弁から独立した方は、独立の理由と経緯を話していただけませんか？

黒山 私は、弁護士5年を経過した時点で独立しました。私の頃は、勤務弁護士の平均期間が3年程度といわれ、5年というのは比較的長い勤務弁護士期間でした。独立の理由は取り立ててなく、自然のなり行きということです。ただ、独立して最初に自分の事務所に出勤したとき、心の底からうれしさが込み上げてきたことをいまでも覚えています。夜遅くまで仕事をしても全く苦になりませんし、休日に事務所に出ることもうれしくて仕方なかったことが懐かしく思い出されます。もちろん、不安もありましたが、それよりも喜びが大きかったですね。

白丘 私の場合は、勤務弁護士として入所した事務所でパートナーになることも考えたのですが、やはり自分の可能性を試したいという思いが強くなり、独立しました。独立のときには、慰留されて結構大変でした。しかし、独立した喜びは、大きなものがありましたね。

茶村 私の場合は、友人の弁護士から一緒にやろうと声がかかり、一念発起で独立しました。この友人の声かけがなければ、独立しなかったかもしれません。

藍田 独立した当初は、どのような苦労がありましたか？

茶村 私の場合は、友人の弁護士と一緒のスタートでしたから、育ちの違いというのでしょうか、仕事のやり方が違うことに戸惑いましたね。いまでは、違和感は少なくなりましたが、それでも電話のかけ方、手紙の出し方などは独自のものがあります。夫婦と一緒なのでしょうね（笑）。

白丘 私は、1人で事務所を構えましたので、「やっていけるのだろうか」と

いう不安だらけでした。独立したときは、もちろん顧問会社もありませんし、受任事件がたくさんあったわけでもありません。独立したときには結婚していましたが、不安げな顔で帰宅するわけにもいかず、妻の前で明るく振る舞うのに苦労した記憶があります（笑）。

黒山 私も、独立したときは、国選弁護事件1件と破産管財事件1件があっただけでした。もちろん、顧問会社などはありません。勤務弁護士のときに、できるだけ貯金をしていましたから、事件が来なくとも数か月は食いつないでいけるようにしていたのですが、1か月間新件がないときは本当に切なくなりました。いまはメールなのでしょうが、電話が全く鳴らない日が続くと滅入りましたね。しかし、電話機を1日見続けていても事件は来ませんから、いろいろな会合や弁護士会の委員会に出かけていました。事務職員は、私が結構忙しい弁護士だと勘違いしていたようですね。

◆ **経費共同事務所の運営**

藍田 白丘さんと茶村さんは、経費共同型の事務所を運営していますが、その運営形態をお話しいただけませんか？

茶村 私は、弁護士2人が対等の立場で運営する事務所形態ですから、人件費を除き、すべての経費を半分ずつにします。事務職員は、各弁護士に専属していますから、給与も雇用している弁護士から支給します。ただし、完全に専属した運営をしているわけではなく、忙しいときは支援を仰ぐこともありますが、そのときは、時間単価を決めておき、それを清算することにしています。

白丘 私の事務所は、私が筆頭経営者となり、パートナー弁護士が数名いる運営形態です。パートナーは、勤務弁護士を数年経過し、個人事件もそこそこあるようになった頃に昇格してもらいます。いまのところ、パートナー昇格時に一時金を入れてもらうことはしていませんが、事務所の規模が大きくなり事務所賃貸借契約の保証金の額も大きくなってくると、一時金をもらい、什器備品や賃貸借保証金などに持分をもってもらうようにする必要があるかもしれません。そのときは、パートナー契約書に調印することになると思います。

黒山　私は、独立したときからずっとボス弁事務所を運営してきましたから、経費共同の経験はありません。ただ、私の知り合いで、同期で経費共同事務所をスタートさせ、それこそコピーの使用枚数までカウントするような分担を実行したところ、性格的にだらしない人がいてコピー枚数を申告しなかったりしたために、すぐに分裂したところがあります。実態を聞くと、そのだらしない弁護士は、事務職員の給与支払日までに約束した額の分担金を入れる約束をしばしば反故にし、経理担当の弁護士の逆鱗に触れ、大喧嘩になったとのことでした。最低限の約束を守ること、そしてあまり細かな経費分担はしないことが肝要なようですね。

藍田　事務所会議と経費分担の方法について、経験していることをお話しいただけますか？

白丘　週1回、1時間程度すべての弁護士が参加して行っています。企業でいう経営会議みたいなものであり、新人弁護士や事務職員の採用、什器備品の新調、事務所旅行などの福利厚生などが議題となります。月次の収入や経費については、別途パートナー会議を実施しています。これは、最低月1回は行いますが、不定期です。経費の分担率は、パートナー会議でやりますが、事務所創設者の私がリードしないとまとまりません。

茶村　私のところは、弁護士が2人ですから、惰性に流れないようにするため、月1回は会議をもつことにしています。どのような経費がかかっているか、新たな設備投資をするかどうかが主な議題です。

黒山　私のところは、そういう会議はありません。私の好きなように運営しています。最新の複合機を導入したいと思えば、誰に相談することなくリースの申込みをします。1人という不安要素もありますが、逆に、1人で決断できるという優れた面もあります。

◆　**収支共同事務所の運営**

藍田　収支共同型は、主に大規模事務所で採用されていると聞きますが、その運営実態はどうなっているのでしょうか？

白丘　聞いた話によれば、収支共同型は、会社形態のような運営と考えてよいと思います。1か月ごとのパートナー会議では、パートナーの売上げと事

務所全体の経費が報告されるとのことです。新人弁護士の採用とパートナーへの昇格という人事、事務所の合併や移転という重要問題はパートナー会議にかかるそうですが、それ以外のマネジメントは、上層部のシニアパートナーで決定されるようですね。

茶村 私が一番関心があるのは、パートナー間の報酬分配の方法なのですが、大規模事務所の友人に聞いてもなかなか口を割りませんね。前年の売上げ実績に基づいて分配し、毎年更新するというのが一般的といいますが、事件処理の貢献度、事件獲得に果たした役割などを基準に分配するところもあるようです。ただ、細かいことにこだわっていると、収支共同型事務所は運営できないといいますね。

黒山 収支共同型事務所は、大規模事務所は別にして、本当に信頼できる人とでなければ成り立たないように思います。収入から経費を除いた利益を弁護士の数で単純に割る方法は、すぐに破綻するでしょう。人間というものは、ひたすら汗を流して事件の開拓をし必死の努力で報酬を得たのに、毎日事務所で無為な日々を過ごして事件開拓もしない人に利益の半分を分与することに納得するはずがないのです。働き蟻を笑ったキリギリスに同情して餌を分け与える蟻はいないというべきです。収支共同型事務所を始めようとするときは、利益の分配方法をしっかりと協議しておくことが極めて重要です。ただ、あまりにも細かい基準を作ってしまうと、今度はそれが桎梏になってしまうことがあります。

◆ **共同事務所の分裂**

藍田 勤務弁護士の独立は別として、経費共同型事務所の分裂を経験された方があれば、分裂の原因と経過についてお話しいただければと思います。

黒山 経費共同型事務所を続けていく意味が見つけられなくなったときが分裂のときでしょう。一般的には、弁護士間の収入の格差が1人の弁護士の我慢の限界を超えたときといわれています。

白丘 私は分裂の経験はありませんが、聞いたところによれば、メンバーの1人が世間の脚光を浴びたり、相当に高額の売上げを続けたりして、嫉妬を感じるようになると、それがきっかけとなって分裂するといいます。嫉妬

心を押さえきれないと駄目なのでしょう。しかし、嫉妬、そねみ、ねたみの感情を抑えることは至難の業でしょう。また、経費の分担という目的で結合している経費共同型事務所の分裂は、結構すさまじい喧嘩に発展することがあるようです。事務所開設の案内には、お互いの将来を考え円満にパートナー関係を解消したなどと書いてきますが、実態はそうでもないようですね。幸せな結婚をした夫婦が離婚時にはとてつもない喧嘩をするのと同じですね。相互に冷静になって、共同事務所を開設した原点に立ち返ってよく話し合うことが大切なのでしょう。

茶村　依頼層が違ってくることも分裂の契機になるようです。たとえば、はじめは同じような事件を処理していても、会社事件を主として取り扱うようになった弁護士と消費者問題を主に扱うようになった弁護士とでは、接点を見つけることが難しくなるのでしょう。

◆　**事務所の移籍**

藍田　最近の弁護士求人情報メディアによれば、事務所間の移籍もだいぶ盛んになってきたように思いますが、どのような人たちが移籍を考えるのでしょうか？　また、移籍にあたって注意すべき点はどのようなことでしょうか？

白丘　確かに、少数ですが、大規模事務所を渡り歩く弁護士がいますね。そのような弁護士は、自分の能力に自信のある人、上昇意欲の強い人ですね。アメリカでは、優秀な弁護士のヘッド・ハンティングが盛んだといいますが、日本でもその萌芽が出てきたのでしょう。

黒山　大規模事務所ではなく一般の事務所の間で移籍する人は、私の知っている限りでは、能力のない人、協調性のない人が多いようですね。私のイソ弁時代は、「石の上にも3年」の格言のとおり、とにかく我慢しろといわれました。サラリーマンの転職成功例がマスコミなどでよく語られていますが、その裏には実に多くの失敗例が隠されているといわれています。事務所の移籍は慎重にした方がよいと思いますよ。

茶村　私も、ヘッド・ハンティングは別にして、移籍は慎重に考えた方がよいように思います。しかし、ひたすら我慢して自分の個性を殺し続けていく

と精神衛生上よくないだけでなく、その人の人間的魅力もなくなってしまいますから、「これ以上この事務所にいても自分の人生にプラスにならない」と決めたら、思い切って移籍することもよいと思います。実際に、移籍して実にいきいきと仕事をしている若い弁護士を知っています。

◆ 分裂回避策

藍田 経費共同であれ収支共同であれ、分裂を回避するために留意すべきことは何でしょうか？

茶村 相互に信頼し合うことです。この信頼が壊れないように努力をすることが分裂回避策だと思います。また、細かいことは気にしないおおらかさも大切だと考えますね。

白丘 我慢することに尽きるでしょう。いちいち感情に出しているようでは、共同事務所はもちません。

黒山 相互に人格を認め合うことだと思います。こいつは許せない、この人はもういやだと思ったら、終わりだと思います。

勘所2項

山田　正記

1　弁護士の不祥事が止まらない

　弁護士の不祥事が止まらない。もちろん弁護士の不祥事は、私が弁護士になり立ての頃からあったし、日弁連の機関誌『自由と正義』が送られてくると、必ず懲戒処分の公告のページに目を通して、自戒の材料にしていることは以前と変わらない。

　ただ近年は、異変が起きているように感じる。それは、弁護士のキャリアを積み、また会務活動に熱心に取り組んでいる弁護士が不祥事を起こす例がしばしば見られるばかりでなく、懲戒処分を受ける弁護士の数が確実に増加しており、大弁護士会はもとより、これまで見かけなかった中小弁護士会にも広がり、地域差がなくなっているのではないかと思われる点である。懲戒処分を受ける弁護士の分析については7章で取り上げられるので、それに譲るが、ここでは、不祥事の原因として、事務所マネジメントに問題があるケースが多いので、それについてどのような点に気をつけたらよいのかに触れることにする。

2　弁護士を取り巻く環境の変化

　司法試験に合格して弁護士になった場合、われわれの若い頃は、数年間いわゆるイソ弁として、ボス弁のもとで修行をするのが通例であった。いまもその例が通常であるが、最近は、雇用が厳しくなっているためいきなり独立する即独もあると聞いている。

　ボス弁からは事務所マネジメントについて特に指南されることはなく、顧客から着手金や成功報酬をいくらもらっているか、経費がどのくらいかかるのかなどを知らされるわけではないので、いざ独立となると、事前に緻密に収入や支出の予測を立てることもなく、当時は、わずかの顧問料とそれまでの貯金で

しのぐというのが普通だったのではなかろうか。それでも何となく事務所を維持できたのは、その当時は、現在ほど弁護士の数が多くなく、先輩や知り合いの弁護士から声をかけられて手伝いをしているうちに（広告規制が厳しかったし、現在のようにインターネットを活用する手段はなかった）、やがてなじみの顧客ができてきて、次第に収支が安定してくるようになり、まじめに仕事をこなしていれば何とかなったため、特に事務所マネジメントについて学ぶ必要性はなかったともいえる。

しかし、弁護士を取り巻く環境が大きく変化した現在、そのような場当たり的なことを続けていると、不祥事を起こしかねない危険性がある。

大型事務所に所属して、そこから給与をもらう身分ならいざしらず、小なりといえども自前の事務所をもつ以上、事業経営者としての自覚が必要である。弁護士の仕事は、ときたま大きな収入が入ることがあるが、そのときに散財したり、生活水準を急に上げたりすることなく、将来に備えて貯蓄に回すなどすることを日頃から心がけるべきである。

3 事務所マネジメントの勘所 その1

事務所マネジメントにおける勘所は、大きく分けて2つある。

1つは適切な金銭管理、もう1つは適切な業務管理である。

これらがきちんとできていれば、不祥事に陥ることはなく、逆に不祥事に陥る弁護士は、これらの処理がずさんなケースが多いといえる。

まず、適切な金銭管理であるが、重要なのは、預かり金とそれ以外のお金をきちんと区別しておくことである。職務基本規程38条では、「弁護士は、事件に関して依頼者、相手方その他利害関係人から金員を預かったときは、自己の金員と区別し、預り金であることを明確にする方法で保管し、その状況を記録しなければならない」と規定している。

事務所経営をしていると、従業員に対する給与や家賃の支払のため、あとで収入があったときに返済すればよいといった軽い気持ちで、預かり金の流用をしようとする誘惑にかられることがあるかもしれない。しかし、一度でもそれに手を染めると、それが、将来の重大な不祥事につながることになりかねない。

絶対に禁物である。

最近の弁護士の不祥事、とりわけ横領事案の多発を受け、日弁連は、平成25年に「預り金等の取扱いに関する規程」を定めた。それによれば、一定額の預かり金を一定期間保管する場合には、預かり金の専用口座を開設し保管しなければならないことや、依頼者への通知義務や預かり証発行義務が課せられている。

もっとも、このような預り金規程を定めても完全に不祥事を防止するには至っておらず、弁護士会では、さらなる預り金規程の規制強化策や依頼者保護給付金制度の新設についての議論がなされている。誠に情けない限りではあるが、不祥事を放置していると、弁護士自治そのものが瓦解することもあり得るので、防止策に真剣に取り組まなければならないのが実情である。

4　事務所マネジメントの勘所　その2

次に適切な業務管理であるが、事件を受任するにあたっては、いろいろ注意しなければならないことがある。

なかでも利益相反事件は受任してはならない。

これについては、結構悩ましい事例がある。たとえば複数の相続人がいる遺産分割の調整を依頼されたようなケースである。弁護士は、調整役としてすべての当事者に対し公平かつ公正でなければならないが、ときとして当事者間で利害対立が鮮明になることがある。そのような場合は、潔く調整役を降りなければならない。そうせずに一方当事者の代理人にそのままなるとこれに抵触する場合が出てくる。懲戒事例を見ていると、これに該当するケースが結構多いことがわかる。

また、受任に際しては、報酬を含めて委任契約書を作成しなければならない（ただし、法律相談や簡易な書面の作成、顧問契約に基づくものなど例外は認められている）。これは、受任の範囲や報酬をめぐって依頼者とのトラブルを未然に防止するためであるが、いまだに受任に際し委任状だけを作成して委任契約書を作成せず、後に報酬をめぐってトラブルになり、懲戒請求を受けているケースがある。このあたりは、業務管理の基本中の基本であるから、励行することを心がけなければならない。

受任した後には、事件処理は、速やかに着手し、遅滞なく処理しなければならない。また、必要に応じて依頼者に対し、事件の経過および事件の帰趨に影響を及ぼす事項を報告し、協議しながら処理を進めなければならない。

　弁護士に対する市民の苦情では、いつまでも事件処理せずに放置したままにしているケース、専門家である自分に任せておけば大丈夫とばかりに、依頼者に報告もしなければ、協議もしないケースがある。

　その他にも態度や口のきき方が横柄、尊大、言葉遣いが乱暴、電話をしても多忙を口実に出ないなど、どちらを向いて仕事をしているのか疑問を感じざるを得ない弁護士がいるのが現実である。そのような弁護士はいずれ淘汰されるという意見もあるが、依頼者にとっては一生に一度あるかわからない事案で、そのような弁護士に出会うのは、不幸としかいいようがない。

　最後に、事件終了にあたっては、依頼者に説明をし、委任契約書に従って金銭を清算し、預かり金や預かり品を遅滞なく清算しなければならない。

　事件が和解で終わるような場合には、できる限り依頼者を同席するようにすることは、トラブル防止になる。また、書類の原本を預かる際は、きちんと受領証を渡しておくことが清算の際のトラブル防止になる。

　それから、依頼者が弁護士報酬や立替費用を支払わないときに、依頼者が相殺に合意した場合はよいが、そうでない場合に、安易に預かり金と相殺することは避けるべきである。紛議や懲戒に持ち込まれるケースでは、このような事例が多いことを肝に銘ずべきである。

5　事務所マネジメントの本筋

　とかく事務所マネジメントというと、いかに収益を上げるか、顧客獲得のためにはどうすれば効果はあるかとか、広告宣伝はどうすればよいかといった方向に目が向きがちであるが、預かり金の管理、業務にあたっての基本的な事項の遵守といった基本を押さえずに、そのようなことに力を注いでも悪い結果が待っているといったことになりかねない。

　事務所マネジメントの基本を押さえたうえで、さらに顧客の満足度を高める事務所のあり方をどのように築いていくかを考えていくのが本筋だと思う。

事務職員教育

山中　尚邦

1 事務職員に何を任せるか

　たとえば、独立して間がなく、固定経費を節減したければ、事務職員を雇用しないという選択肢もある。しかし、裁判所への書面の提出、郵便物の発送などを弁護士自身が行っていては非効率的であるから、事務職員を雇用する法律事務所が一般的である。ただ、事務職員にどのような業務を任せるかという面では、個々の法律事務所によってさまざまである。

　電話の応対、来客へのお茶出し、コピーとり、弁護士外出中の留守番など秘書的な業務だけを事務職員に担わせる法律事務所がある。

　しかし、このような法律事務所では弁護士自身が担う分野が多く残るので、仕事の効率化はあまり図られない。

　その点から、事務職員の能力に応じて、簡易な裁判所提出書面や書証の作成、期日の調整、戸籍・住民票などの調査業務など弁護士補助的な業務を任せるという法律事務所が最も多いであろう。以前は、弁護士が準備書面などの原稿を手書きして、事務職員が和文タイプ、後にワープロで清書するのが主流であったが、ほとんどの弁護士がパソコンに向かう今日では、それは過去の話で、書面の清書から解放された事務職員は別の業務を分担するようになってきた。

　事務職員が相当程度の事務を担当できるようになれば、弁護士は、依頼者との打合せ、事件処理方針の決断、法律構成、裁判所への出頭など弁護士以外が代替できない業務に比重を置くことができ、仕事の効率は向上する。

　さらに進んで、事務職員に、保全処分の申立書や訴状の作成、強制執行事件の申立てから配当までの手続など一定の分野の業務を任せる法律事務所も増えている。過払い金返還請求、破産申立などのルーティンな事件類型では、相手方や依頼者への連絡も任せるようになっていると思う。

このようなパラリーガル的な事務職員がいれば、法律事務所の事務効率は一層向上するが、受任者はあくまでも弁護士であるから、事務職員任せは禁物である（職務基本規程19条）。

2 どのような人を採用するか

事務職員を募集する手段は、法律事務所または弁護士会のホームページ、新聞・求人誌、ハローワーク、縁故などさまざまである。縁故での募集は身元がはっきりしており、安心感がある。また、ホームページによる募集は、経験の有無を問わず、相当多数の応募があり、選択の幅が広がる。新卒者の採用なら、一からその法律事務所に合った育成ができ、他方、中途採用であれば、すでに社会人の経験があり、即戦力となりやすい。ある大手法律事務所では、企業がコストをかけて教育済みの中途採用を重視していると聞いたことがある。

採用の基準については、能力、経験、学歴、性格など、弁護士それぞれであろうが、重要なことは、事務職員にどのような役割を期待するのかをはっきりさせておくことである。もっとも、人対人の関係には相性もあり、ときにはトラブルが生ずることもあるから、最後は、自らの人を見る眼を信じるほかはない。

3 どのように育成するか

採用した事務職員が全くの初心者のときは、裁判手続その他法律事務全般の研修をする必要がある。共同事務所であれば、弁護士が分担して教えることもできるし、先輩の事務職員がいれば、弁護士に代わって教えることもできる。だが、弁護士が1人だけで、日々業務に追われているときにはその時間的な余裕は乏しい。結局、日々の業務の中で、身につけて行くOJTを行っていくことが教育・育成の中心となるだろう。

それを補うものとして、日弁連や大規模弁護士会では事務職員向けの研修講座を開催しており、これに継続的に受講してもらうことは有益であるし、大規模弁護士会や事務職員の団体で発刊している事務職員向けのハンドブックやマニュアルも備えておきたい。日弁連の事務職員能力認定試験を受験することも事務職員のインセンティブとなるだろう。

かつて、採用して間もないある事務職員が、私の不在中に、「○時○○分、□□火災の○○さんからお電話です」と書いた電話メモを置いていた。「損害保険会社がかかわる事件はないのになぁ」と不可思議に思っていたところ、実は「□□家裁」からの電話であったことがわかった。その事務職員の勘違いぶりには驚かされたが、業界用語を知ってもらうことも重要である。

　また、弁護士によく電話をかけてくる依頼者によっては、自分の名前を聞かれたり、社名を確認されると、機嫌を損ねる人もいるので、早い時期に懇意な依頼者の名前は覚えてもらう方がよい。

4　福利厚生の工夫はあるか

　福利厚生を充実させて事務職員に気持ちよく働いてもらえれば、職場の雰囲気はよくなるであろうし、来客からの印象もよくなって、弁護士にもプラスとなる。

　健康保険、雇用保険、労災保険、厚生年金といった社会保険の加入がまず整備すべき福利厚生策であろう。定期健康診断を受けさせることも大切である。

　また、事務所の規模にもよるが、クリスマスパーティー、忘・新年会といった慰労の機会を設けている法律事務所は多いのではなかろうか。

　職場の旅行会を恒例としている法律事務所もある。男性弁護士と女性職員が１対１の法律事務所では、家族でもない限り旅行は不可能であるが、いくつかの法律事務所が合同して行うという工夫をしている事務所もある。その他、リゾート会員権を購入して、保養所施設やフィットネスクラブを利用させるという法律事務所もある。

　しかし、何といっても、有給休暇、時間外手当、賞与、退職金などきちんとした待遇を図ることが重要である。はるか昔の私の修習生時代に、ある弁護士の「事務職員に残業代を払っていたら、法律事務所は経営していけない」という発言を聞いたが、もはや前世紀の話である。

5　どのようなミスがあるか

　事務職員がミスをすることは、ある面で避けられないかもしれない。事務職

員の勘違いや思い込みが主な原因であろうが、弁護士のあいまいな指示、指示漏れが誘因となっていることも多いのではないか。

　本来、事務職員の指導監督は使用者である弁護士が行わねばならず、事務職員のミスは弁護士の監督不行届といわれれば、それまでの話である。

　私は、指示を明瞭にするために、チェックシート（☞163頁）で業務を指示するようにしている。口頭では説明不足になる危険性があるし、事務職員が帰宅したあとでも指示できるからである。また、事務職員が行った仕事を弁護士がチェックすることは大切である。いくら事務職員を信頼していても、任せきりにしてはならない。

　また、弁護士と事務職員の間の良好なコミュニケーションは大切である。事務職員との人間関係が悪いために、地位保全仮処分事件のような労働事件に発展したという話も耳にしたことがある。

　逆に、弁護士が勘違いをして、事務職員に恋愛感情をもつケースがある。独身者どうしで結婚にまで進むのなら慶事であるが、そうでない場合は問題をはらんでくる。近頃も、事務職員に対するセクハラ行為で業務停止の懲戒処分を受けた例がいくつもあるし、事務職員との不倫の果てに傷害事件が発生してしまった例もある。

　弁護士は業務上セクハラ・パワハラなどを学んでいるのだから、自らを顧みて、品位の保持に努めなければならない。

● Article 2 ● 事務職員教育

事 務 指 示 票

平成　年　月　日　　　　　　　　　　　　　　　　　　○○　→　事務局
【件名：　　　　　　　　　　　】
□押　　印　別添書類（書面・出廷　提訴　報告書・引継書・手紙のみ・　　）
□コ ピ ー　別添書類（中の　　　　　　　　　　　　　）・付箋部分　　部
　　　　　　（原本を含む・まず　送付日補充の上　裏紙で可　両面コピー）
□郵送 PDF・Fax送信　対象物：別添書類（原本・コピー　ファイルごと）・付箋した書類・案内図
　　　　　　（同封物：返信用封筒　　　　　　　　　　　　）
　　　　　　宛　先：　　　　　　　　　　　担当部　相手方　依頼者（　　）社担当者
□発信日付記　　　　代取　　　　　　　　　　　　様・殿・先生（頭記の通り）
　◇空欄補　　住　所：　　　　　　　　　　　　　　　（参照：名刺・付箋部分）
　　充の上　　Fax No.：　（　　　　　）
　　　　　　　郵送方法：普通郵便・（一般・簡易）書留・速達・内容証明・レターパック（510・360）
　要：送付書　案件名：（　　　　　　　　　　　　）□　誤記等がないか点検してください。
　　　　　　　付記事項＿＿＿＿＿＿＿＿＿＿＿＿＿＿＿＿＿＿＿＿＿＿＿＿＿＿＿＿＿

□書面作成　正本　　通・副本　　通・控え　　通（付属書類含　む・まず）・被告住所の地図・
〔　部出力済〕　甲・乙号証（上記同様の部数・正本　通・副本　通・控　通）・送付書（兼受領書）・
　　　　　　取下書・期日変更申請・期日請書・訴訟進行照会書を Fax
　　　　　　提出先（提出・郵送・Fax）：担当部・相手方代理人（　　）・監督委員・依頼者
　　　　　　執行官

□ファイル作成　受任日：平成　年　月　日　紹介者：　　　　　Tel　（　　　　）
（青・黄・赤）　件　名：　　　　　　　　　　　　　　□綴じ方：相談・事件
　A4　B5
　　　　　　依頼者：　　　　　　　　　　　　　　Tel　（　　　　）
　　　　　　　住所　　　　　　　　　　　　（参照：名刺・付箋部分）

　　　　　　相手方：　　　　　　　　　　　　　　Tel　（　　　　）
　　　　　　　住所　　　　　　　　　　　　（参照：名刺・付箋部分）
□記録管理　（次回判決言渡し・和解成立）のため、記録を管理してください。
□申　　請　送達証明書・執行文・その他（　　　　　　　　　　　　）
□資料取寄　（土地・建物・会社）(履歴事項・現在事項)証明書・評価証明・改製前　戸籍・戸籍附票・
　　　　　　住民票・　　　　の住宅地図写・その他（　　　　　　）通数：　　通
　　　　　　取寄対象：別添コピー・付箋付き書類・付箋部分参照（　　　　　　　　）
□ファイル　原本を別添記録（末尾・所定の箇所・封筒中に・記録に挟んで）にファイル
　　　　　　控えを別添記録（末尾・所定の箇所・封筒中に・記録に挟んで）にファイル
　　　　　（別添記事　　箇所）（記事・本件）　　　　　　（要：インデックス）
□切　　符　往　　　　　　→　　　月　　日　　：　発（　　：　　）着）
　　　　　　復　　　　　　←　　　月　　日　　：　発（　　：　　）着）
　　　　　　（普通・グリーン）車　（喫煙・禁煙）席　　枚
□帳簿記録　経費帳簿に別添領収書の相手方・科目・金額を入力してください。
□送　　金　別添〔　　　　　　　　　　　〕の送金準備をしてください。
□費　　用　（小口現金・預り金口座）から（事務所経費・預り金勘定）として支出してくださ
　　　　　　い（要：領収証）。
□期　　限　至急・できれば　本日中・　月　　日（　　時）まで・通常のペースで

□その他　＿＿＿＿＿＿＿＿＿＿＿＿＿＿＿＿＿＿＿＿＿＿＿＿＿＿＿＿＿＿＿＿＿＿＿
＿＿
＿＿

Article 3
思いやりと忍耐

髙中　正彦

1　判例に現れたすさまじい分裂劇

　すさまじい分裂劇の判例がある。東京地判平成22・3・29判時2099号49頁がそれである。

　X弁護士は、同期のP弁護士と登録25年目に経費共同型事務所を開設し、その4年後にQ弁護士を加えた3名で「A総合法律事務所」を運営していたところ、A事務所開設から4か月後、P弁護士は、X弁護士が人妻の事務職員であるRと不倫関係にあると考え、X弁護士とRの自宅に電話をかけて電話に出た配偶者に不倫をしていると伝え、また、X弁護士の顧問先の労働組合にも同様の電話をかけ、さらには、労働組合の役員や司法研修所の同級生に対しても不倫をしているとの手紙を書いたりした。これに愛想を尽かしたのであろうか、X弁護士は、それから3か月後に行き先を告げることなくA事務所を飛び出て新たに事務所を開設したのであるが、P弁護士は、憤懣やるかたなかったのであろう。X弁護士の不倫現場の写真を撮ることを企画し、某ホテルの前で見張っていたところ、X弁護士とRが某ホテルから出てきたのを発見し、写真撮影に及んだ。そして、これに気がついたX弁護士とP弁護士は路上でもみ合いとなり、P弁護士はX弁護士に足を蹴られて加療2週間を要する怪我をしたというものである。P弁護士は、X弁護士に対して、出資金の払戻しや怪我の損害賠償などを求めたが、X弁護士も、P弁護士に名誉毀損の損害賠償などを求め、まさに泥仕合となった。

　X・P弁護士とも事件当時弁護士経験30年近くの老境にさしかかった年齢であり、仕事もおおむね順調であったと思われるのであるが、X弁護士と事務職員との不倫が契機となってA事務所はいとも簡単に瓦解してしまった。不倫問題を引き起こしたX弁護士は責められても致し方ないが、不思議に思うのは、P弁護士の不倫追及にかける異様なほどの執拗さである。その動機は判決文か

らはうかがい知ることができないが、身内の事務職員に手を出し、挙げ句に共同事務所を放り投げていったいい加減さに対する怒りからなのか、男女関係に潔癖な性分のためなのか、それとも別の深い遺恨があったのかはわからない。ともあれ、共同事務所設立から4か月7か月、A事務所設立から7か月であえなく分裂に至っているのであり、X弁護士もP弁護士も、研修所同期という甘えから互いを厳しく見る姿勢に欠けていたといってよいのであろう。可哀想なのは、とんだとばっちりを受けたQ弁護士である。P弁護士との共同事務所はいまもうまくいっているのであろうか。

2 どうして共同事務所は分裂するのか

　共同事務所には、ボス弁・イソ弁型、経費共同型、収支共同型の3類型があるが（最近は、間借り型もあるようである）、ボス弁・イソ弁型は、イソ弁がボス弁に雇用されて一人前の弁護士になるための修行をし、やがて巣立っていく形態であり、「独立」と称されるのが一般であって、分裂という表現はあまりフィットしない。分裂したと呼ぶのは、主に経費共同型と収支共同型の事務所である。

　経費共同型は、研修所同期の人、同じロースクール出身の人、弁護士会の同じ委員会で活動した人、大都市部の弁護士会の同じ会派に属する人などが、事務職員給与・賃料・什器備品・OA機器リース料などの事務所運営上の経費を分担し合い、構成員の弁護士が事件処理をして受ける弁護士報酬は、各自の取得とするやり方である（イソ弁がパートナーに昇格して事務所経費を分担する形態もあるが、運営実体はボス弁・イソ弁型であることが多い）。これを選択する人の動機は、自己の売上げだけでは事務所が維持できないため、事務所存立のために費用を出し合うことに置く人もいれば、1人では法律知識と法律判断に不安があるため、相互に法律知識と技能を補充し合うことに置く人もいる。また、弁護士数の多い大きな事務所であることを売りにして顧客開拓につなげることに置く人もいる。どのような動機であれ、全国で広く見られるやり方であり、いわゆる即独の人たちが集まって開設することもかなり見受けられる。いずれにしても、構成員である個々の弁護士の個性が色濃く出やすく、結束の

強度もさほど強いものではないため、構成員相互の信頼関係が崩れるとたちまち瓦解する。判例にあげた例がその最悪のものであろう。なお、イソ弁がパートナーに昇格して共同経営に至る例もかなり見受けられるが、経費を分担するに止まっている限り、以上に述べたことがあてはまる。

収支共同型は、文字通り、個々の弁護士の受ける弁護士報酬を1か所に拠出し、そこから経費を支弁したあとの残金について、あらかじめ合意しておいた基準に従って分配するやり方である。基本的に民法上の組合契約に準拠して運営され、数名の規模での採用は少数であり、数十名・数百名の大型事務所で主に採用されている。人的結合の強度は、経費共同型に比較して格段に強く、構成員の移動は、基本的に「移籍」として処理される。この収支共同型が分裂するのは、内部の2ないし3のグループの考え方が対立し、収束不能となる場合であろう。法律事務所の将来構想の考え方が対立し、ほかの事務所に合流（合併）するグループと独立して自主運営していくグループに分裂した例を聞いている。ともあれ、収支共同型事務所の分裂について、情緒的な人間関係の悪化は決定的な要素になっていないことが多いようである。

3 経費共同型事務所の分裂を避けるために

友人や知人と経費共同型事務所をスタートさせるときに、誰もが仲のよい自分たちに分裂は無縁であると考える。しかし、そのような信頼関係絶対の神話は些細なことで崩れ始める。人もうらやむラブラブの夫婦の泥沼の離婚劇を見れば、このことはすぐわかるであろう。夫婦関係を長持ちさせる秘訣が巷間語られているが、その中に「思いやり」と「忍耐」というのがある。私は、知人・友人と一緒に経費共同型の事務所を開くという人には、この言葉をこっそりと贈っている。「万が一のことも含めて契約書ですべてを規定しておけば、問題はないと思います」などという人をたまに見かけるが、人間の感情は契約で縛ることができないのは周知のところである。

それでは、どのようなことが信頼関係を喪失させ、人間関係を崩壊に導くのであろうか。

私も、これまでに経費共同型事務所の分裂の話をたびたび耳にしているが、

突き詰めた原因については、噂の域を出ないことが多い。ただ、噂を私なりに分類してみると、次のようにいえようか。

　まずは、収入の格差をあげることができる。経費のみを分担し合うといっても、同じ事務所にいるから、相棒がどのくらい稼いでいるかは当然わかる。自分の売上げと相棒の売上げが大きく乖離していけば、誰だっておもしろくない。この嫉妬・ねたみの感情は、やがて些細なことで噴出する。ある事務所では、事務職員1名の増員、コピー機の入れ替えで激突したとのことである。この収入の格差は、高収入の人の離脱という形で現れることもある。たとえば、仕事が順調に拡大している高収入の弁護士は、イソ弁を雇用したい、広い事務所に移転したいと考えても、収入の少ない弁護士が最終決定権をもっているから、結局断念することを強いられる。そうすると、高収入の人は、「お互いのために別れよう」の言葉とともに去っていくのである。全員で扶け合う駅伝をしていたランナーが、自分の能力一本で勝負するマラソンランナーに転向するのと一緒である。経費共同型事務所を組織するとき、駅伝型かマラソン型かもよく話し合っておくことが肝要である。

　次に聞いた噂は、弁護士像の違い、依頼者層の違いである。ある弁護士は、知的財産権を含む最先端の事件に取り組みたいと考え、会社関係の依頼者を積極的に開拓していったのに対し、ある弁護士は、クレジット・サラ金事件を中心とする消費者事件に取り組みたいと考え、消費者団体の会合などに頻繁に顔を出していたという事務所があった。この事務所は分裂したと聞いたが、目指す弁護士像、対象とする依頼者層の違いは歴然であるように思う。私は、使用者側の法律問題を取り扱う弁護士と労働者側の法律問題を取り扱う弁護士が同じ事務所を円滑に運営できるはずがないと考えるのであり、価値観・将来像などの決定的な違いは、分裂の火種になることが多いと思う。したがって、スタートにあたって、そのような目指す弁護士像や対象とする依頼者層を徹底的に開示し合い、納得し合うことが極めて大切なのである。

　最後に、夫婦の離婚と同様に、性格の違いもあげることができるであろう。几帳面に記録をファイルし、書籍を整然と書棚に整理し、机の上は常に整頓されている弁護士と記録を乱雑にとじ込み、書籍はバラバラに積んでおき、机の

上は書類の山の状態で飲み物をこぼした跡があちこちにある弁護士とは、前述した「思いやり」と「忍耐」がないとうまくいかないのではないか。短気な人と気長な人、服装にこだわる人と無頓着な人、愛想のよい人と無愛想の人など弁護士にもさまざまな性格・性癖の人がいるが、どこかに「接点」がないと分裂はそう遠くないであろう。

　事務所の分裂は、精神的な消耗はもちろんのこと、分裂後の移転先選定と引っ越し、依頼者への周知などもあって、かなりの負担であると聞いている。できれば、分裂しないで弁護士人生を終えたいところであるが、そのためには相応の「思いやり」と「忍耐」が求められるようである。

Coffee Break ──事務職員の教育③

梨と飴

　共同受任事件の打合せのためにほかの法律事務所を訪問したときであった。会議室に通されたあと、事務職員から緑茶が出された。先方の弁護士と打合せ開始後1時間経ったとき、事務職員が会議室に現れ、コーヒーを置いていった。さらに1時間後にも、事務職員から昆布茶と皮をむいた梨が振る舞われた。別の法律事務所では、会議室の机上に飴、チョコレートや茶菓を盛り合わせた籐製の皿が置いてあり、自由に取ることができた。来客はお茶やコーヒーなどお好みの飲み物をセルフサービスで自由に取れる法律事務所もある、と聞いた。

　法律事務所が顧客に提供すべきサービスは、法律上の専門知識や意見であり、飲食物であるはずはないが、打合せも長くなってくると、のども渇くし、頭も疲れる。法律事務所に馴れていない相談者は緊張しているかもしれない。打合せ途中に新しい飲み物が出されたりすると、気分転換となり、来客は配慮を受けていると感じるだろう。こうした気配りは無駄ではなかろうし、相談者の弁護士に対する印象も上がるのではないだろうか。

（山中　尚邦）

第6章

人生設計の経験学

第6章 —— 人生設計の経験学

Introduction

　どんな職業に就いたとしても、肉体と精神の健康は何よりも大切なことである。思いもかけず健康を害したとき、全く予想もしなかった別の人生が始まる。また、人として生きていくことは老いとの闘いでもある。いつかは第一線から退かなければならない。ところが、独立自営である弁護士は、健康管理と人生設計に存外無頓着なのである。健康なんぞを気にかけていたら依頼者に喜ばれる仕事はできない、生涯現役として仕事を続け、法廷で倒れそのまま昇天するのが理想像だなどと豪語している人、今の顧客層からすれば、年金なんかは全くあてにしなくとも十分豊かな生活を維持できるとうそぶいている人を何人も目にした。

　しかし、現実は、なかなか思うとおりにはならない。不本意にも病気になって廃業に追い込まれた人、精神を病み事件放置により懲戒処分を受けた人、もらった弁護士報酬をそれこそキリギリスのように遊びほうけて使い果たした人、国民年金保険料すら納付せず、老いて生活資金にも事欠いている人がいたとの話を結構耳にしている。

　本章では、うつ病をはじめとする病気にどう備えるか、健康を維持するために何をするか、弁護士としての人生をどう設計するかをテーマとするDiscussion（座談会）を開催し、実にさまざまな経験談や考え方が披露された。そして、「うつ病への備え」「私の健康法」「弁護士のリタイア」「終末はハッピーに」という4本のArticle（論考）を掲載した。

　このような内容を書籍化した前例はほとんどなく、新人・若手弁護士にはかなり新鮮に、あるいは特異に映るのではないかと思っている。しかし、まだまだ老後などは先のことだと達観していると、すぐに老年を迎える。これは、私だけでなく同期の友人が口を揃えていうことである。他人事とせず、ぜひ読み進んでいただきたいと思う。

（髙中　正彦）

•Discussion•
人生設計をめぐって

1　病気にどう備えるか

◆　うつ病にならないために

藍田　最近は、うつ病が現代病の典型といわれ、多くの人の心をむしばんでいます。弁護士の世界でも、うつ病でリタイアを余儀なくされる人がかなりの数に上っているようです。皆さんの周囲でうつ病になった弁護士の例を知っていれば、紹介していただけませんか？

白丘　私の周りでもうつ病になった人は、数名います。若い人に多いようにいわれていますが、結構年齢の高い人でもうつ病になっていますね。

黒山　大変に辛い話ですが、私の事務所に在籍していた弁護士がうつ病になったことがあります。いまは、弁護士登録を取り消して治療に努めています。

茶村　うつ病の弁護士が受任した事件を放置し、懲戒処分を受けるケースが結構あります。私は、弁護士会の苦情窓口の受付担当を務めているのですが、その中で、何度連絡しても返事がないとか、依頼した事件の報告がないという苦情の対象の弁護士に、うつ病の人がかなりいるのですね。苦情の数が一定数を超えると、弁護士会の役員と一緒に事務所や自宅を訪問することになっていますが、ある弁護士は、机に伏せたままの状態でしたね。

藍田　その人はどうしてうつ病になったのでしょうか？

黒山　私の事務所に在籍していた人は、若いときから糖尿病の持病があり、無理を押して仕事を続けていくうちに、うつ病になってしまいました。損保の交通事故示談の仕事とオートローン会社の自動車引上げ事件が多く、ストレスを相当に溜め込んでしまいました。

白丘　うつ病は、生真面目な人、責任感の強い人がなりやすいといわれますが、そう感じますね。うつ病の人に対して「頑張れ」は禁句だといわれていますが、その意味がよく理解できます。

茶村 うつ病に関しては、さまざまな本が出版されていますが、結論的にいうと、他人のもめ事の解決を生業としている弁護士は、ストレスがことのほか多く、誰でもかかる可能性があると思います。

それでは、うつ病にならないためにはどうしたらよいかですが、「依頼者とともに泣かない」ことだと思います。司法研修所では、依頼者のために最善を尽くせと教えられ、過去にミスター検察といわれた伊藤栄樹検事総長は「被害者とともに泣く検察」といって喝采を浴びましたが、弁護士は、決して依頼者と手を取り合って泣いてはいけないと思います。たとえが悪いかもしれませんが、冷徹な「ゴルゴ13」の精神力が求められるのではないでしょうか。

黒山 弁護士は、暴力団員などの反社会的勢力と厳しく対峙しなければならない場面がありますが、「俺は、やくざなんかちっとも怖くない」とうそぶいている弁護士を見かけます。しかし、そんな強がりをいつまでも続けていると、おそらく精神がもたないと思います。民事介入暴力問題で著名な弁護士がある弁護士会の旅行会で「ここまではやくざも追いかけてこないから、一安心だよ」としみじみ漏らしていた姿が強く印象に残っています。怖いものはやはり怖いのですよ。そこを強がってはいけないと思いますね。

白丘 心を許す人に愚痴をこぼすだけでずいぶん楽になります。私も、同期の友人に一杯やろうともちかけて、ずいぶん愚痴をこぼさせてもらっています。もちろん、守秘義務には最大の注意はしています。ある医師から聞きましたが、医師もストレスが多く、結構医師どうしで群れているようですね。

◆ **病気への備え**

藍田 個人事業主である弁護士にとって健康は何にも増して大切だといわれますが、残念ながら、健康を害して苦境に陥った弁護士も多いようです。周囲で病気のためにリタイアを余儀なくされた例があれば、お話しいただけませんか？

白丘 弁護士に特有のことではないのですけれども、脳梗塞で半身麻痺となった人がいます。また、ガンで早世した人もいます。

黒山 同様の弁護士を知っていますが、本当にお気の毒です。家族もさぞかし

茶村　一般的に見て、「病気になるわけがない」と信じ込んでいる弁護士が多いですね。だから、病気になったときに備えをしていない。健康保険に加入していない弁護士はさすがにいないものの、事務所維持と生活維持が可能となるような万全な備えをしている人はそう多くはないと思います。

藍田　病気への備えとしてどのようなことをしていますか？　ほかの弁護士の例で参考になることがあれば、お話しください。

白丘　月額100万円の補償がある所得補償保険に入っています。1か月の掛け金もそれなりの額になりますが、1か月100万円あれば事務所もかろうじて維持でき、最小限の生活費も残りますから、安心料だと思っています。残念なのは、保険料が税務上経費として認められていない点です。

黒山　私は、月額20万円補償の所得補償保険に加入しています。実は、検査で5日ほど入院したことがあるのですが、7日は免責されるのですね。いまの医療技術は実に発達していますから、内視鏡手術をして現場復帰ができる入院の期間は、1週間内外ではないでしょうか。1か月も入院するとなれば、所得補償ではカバーできない極めて厳しい闘病生活ではないのでしょうか。そんなことを考え、高額補償の所得補償保険には入っていないのです。

茶村　私も、まだ健康には特に問題も指摘されていないために、高額補償の所得補償保険には入っていません。月額30万円が補償される保険に入っているだけであって、保険金もそう負担にはなりません。むしろ、日々の健康管理に最大限の気を遣っています。

2　健康を維持するために

◆　健 康 法

藍田　健康法として、どのようなことをしていますか？

黒山　私は、健康法と呼ぶものは何一つやっていません。強いていうと、歩くことでしょうか。最近は、タクシーを極力使わないようにしています。

白丘　私も、歩くことくらいです。あるデータによれば、1日8000歩が健康

維持のための必要条件だとのことでした。そのため、万歩計を付けてできる限り歩くようにしています。黒山さんのように、タクシーを使わずに電車にして、駅までの往復や乗り換えの際にエスカレーターではなく階段を使うようにするとそれだけでも結構な運動量になります。

茶村 私は、スポーツクラブで水泳をしています。友人の中には、趣味と実益を兼ねてゴルフに入れあげている人もいます。東京では、ゴルフ場が結構遠いので、1日がかりとなりますが、ゴルフ場が近くにある地方都市では、早朝にスタートし午前9時30分には上がって事務所に出勤できるといわれています。それ以外では、テニスをしたり、ジョギングをしたり、スポーツジムに行ったりしている人もいますね。

黒山 健康法ではありませんが、5年前にタバコをやめました。それまでは、かなりのヘビー・スモーカーでしたが、やめたら8キロも太りました。かえってメタボで不健康になったのではないかという人もいます（笑）。

白丘 タバコはもともと吸いませんが、暴飲暴食をしないように努めています。大の肉好きだったのですが、魚中心に改めました。

茶村 若い頃は、午前様で帰宅することも多かったのですが、いまは必ず午前0時前に就寝するように努めています。午前1時や2時まで飲んでいることが辛くなったこともありますが。

◆ **健康診断**

藍田 健康診断は、どのように受けていますか？

茶村 弁護士会が主催している春と秋の健康診断を受診しています。診断項目は、すべてとしています。

白丘 私は、1年1回、知り合いの病院で人間ドックに入っています。

黒山 私は、2～3年に1回のペースで知り合いの病院で健康診断を受けているだけで、1年に2回というような定期的な健康診断は受けていません。妻や周囲の人は、毎年少なくとも1回は受けなければ駄目だというのですが、健康診断を受けたからといって病気になるときにはなるという主義です。ただし、少しでも風邪気味のときは、すぐにかかりつけの医師に診てもらっています。したがって、市販の風邪薬は一度も買ったことがありま

せん。胃が痛いとき、腰が痛いとき、歯が痛いときも、同じです。

◆ 食　　事

藍田　毎日の食事についてですが、朝食はきちんととっていますか？

白丘　私は、しっかりご飯と味噌汁を食べてきます。朝食を抜いたりしたら、その日は朝からエンジンがかかりません。

茶村　同じです。朝食をしっかりとっておくと、仕事で昼食が遅くなっても耐えられますね。

黒山　だいたいトースト１枚にコーヒーですね。これは、若いときからの食習慣ですから、直せません。それで昼食まで十分にもちます。

藍田　昼食は、サラリーマンのように正午から午後１時の間に丸１時間かけてゆっくりとる弁護士はほとんどいないと聞いたことがありますが、本当でしょうか？

黒山　昼食は、昼休みが終わった午後１時過ぎに、20分程度で済ませます。時間がないときは、「立ち食いそば」で済ませます。私の事務所の近くに立ち食いそば、回転寿司、牛丼店があり、結構売上げアップに貢献していますよ。

白丘　私も、混んでいる時間帯を外して昼食をとります。外に出る時間が惜しいときには、事務職員にコンビニで適当な弁当を買ってきてもらいます。

　　　それにしても、弁護士は、ご飯を食べるのが早いですね。あるとき、弁護士の娘さんがロースクールのエクスターンで来たのですが、食べるのがとにかく遅かったのです。私は、「昼はあまり時間がないから、早く食べる訓練をした方がいいよ」といったら、「父からも、そんなにトロトロ食べていると弁護士になれないぞ、といつも怒られています」とのことでした。その娘さんは、司法試験に合格したのですが、「ご飯を食べるのが早くなりました」と添えて手紙が来たのは、うれしかったですね。

茶村　私は、近くのレストランで1000円程度の食事をとります。野菜と肉を食べるようにし、炭水化物はできる限り控えるようにしています。夜の食事が不規則ですから、昼食には結構気を遣っています。

藍田　先輩から、夕食を毎日自宅でとっているようでは顧客を獲得できないと

いわれましたが、皆さんは自宅で毎日夕食をとっているのでしょうか？

茶村 私は、土日も含めた1週間で平均4日は、自宅で遅い夕食をとります。弁護士会や会派の会合が夕刻にあるときには、その後に飲みに行きますが、毎日そのような会合があるわけでもありません。確かに、午後5時きっかりに事務所を出て帰宅する弁護士は、高齢の人を除けば、ほとんどいないのでしょうが、午後7時か8時頃に事務所を出てその後に家族と夕食をとる人は結構いるのではないかと思いますね。

黒山 私は、独立した頃から、日曜日を除けば、1週間に1回程度しか自宅で夕食をとりません。そんなに忙しいのかといわれると、そうではなく、依頼者や仲間の弁護士と飲んだりしているのです。仲間の弁護士との情報交換では、自分の立ち位置がわかりますし、依頼者と飲んでいると、異業種の人たちの考え方、行動パターンがわかり、大変役立ちます。

白丘 私は、自宅のすぐ近くに事務所を設けており、事務所と自宅の移動時間が数分なのです。したがって、夕食は、原則として自宅に帰って家族ととるようにしています。よく、弁護士には家族団らんの時間はないから、家族団らんを人生の第一義とするのであれば、弁護士を諦めた方がよいという人がいますが、職住近接を実現すれば、家族団らんの実現は可能です。ただ、東京や大阪の場合は、中心部のマンションがかなり高額なのが難点ですね。しかし、そうはいっても、依頼者から誘われたときは、断りません。客仕事である弁護士の宿命だと割り切っています。

◆ 睡　　眠

藍田 睡眠時間について聞きますが、だいたい何時頃に就寝し、何時頃に起き、平均睡眠時間はどのくらいですか？

白丘 平均6時間ですね。午前1時頃就寝し、午前7時前後に起きます。ただ、私は、事務所が近いので、午前8時30分に家を出ても、すぐに仕事を開始することができます。私の事務所の若手弁護士を見ていると、結構遅くまで仕事をしているようですね。

茶村 私は7〜8時間程度です。帰宅してテレビのニュース番組を見て、夕刊を読んでいると午前0時近くになってしまいます。朝も、午前7時半前後

に起きてから1時間くらいで家を出ます。

黒山 私は、7時間は眠るようにしています。就寝時間は、午後11時前後で、午前6時前後に起きます。1時間程度で朝食と身支度を済ませ、事務所に向かいます。若い頃は典型的夜型で、早起きがものすごく苦手だったのですが、あるときから朝型に切り替えたら、時間が有効に使えて大変よいのです。

藍田 睡眠時間について、1日平均3時間というようなものすごい弁護士の話を噂で聞いたことがありますが、本当なのでしょうか?

黒山 1日平均3時間というのは、ナポレオン並みですね。私の周囲では、そんなすごい人は聞いたことがありません。ただ、月曜から金曜までは5時間睡眠で通し、土日に寝溜めするという若い弁護士の話を聞いたことはあります。ある程度無理が利く若い人の特権だと思います。しかし、いつかその無理が祟ることがありますから、要注意です。

白丘 睡眠をしっかりとることは、頭の働きをよくするためにも大切だと思います。しかし、私の知っている東京の大規模事務所では、数時間の睡眠で頑張っている弁護士が少なくありません。肉体的にも精神的にもタフなのでしょう。

茶村 私は、地方出張があるときは、かなり遅くまで仕事をしています。睡眠不足は、電車や飛行機の中で回復するのです。依頼者の中には、「出張が多くて大変ですね」といってくれる人がいますが、実は、出張は、遠方であればあるほど睡眠不足を補う絶好の機会と捉えているのです。私は、新幹線や飛行機の中では、仕事はほとんどせず、ひたすら眠り、余った時間は小説などを読むようにしています。

◆ **休日の過ごし方**

藍田 ワーク・ライフ・バランスということが叫ばれるようになりましたが、皆さんは土曜日と日曜日は、仕事をしていますか?

茶村 私は、土曜日は、水泳をし、日曜日は、ガーデニングをしたり自宅の周りを散歩したりしていますね。もちろん、大きな事件の依頼があったときは、休日返上で仕事をしますが、そうでない限りは、休息にあてています。ただ、いつまでこのような優雅な生活ができるのだろうかとは思っています。

黒山 私は、土曜日は、だいたい事務所で仕事をし、日曜日も、午後から事務所に出ることが多いですね。私の周りを見ても、土曜日はほとんどの人が仕事をしています。電話は出ないのですが、メールを送るとクイックで返事が来るので、すぐわかります。

白丘 黒山さんは、家にいても粗大ゴミ扱いされるからではないですか（笑）。私は、土曜日は溜まった仕事を処理しつつ、次の1週間で何をするかを再確認し、その準備をしていますね。日曜日は、休息日です。

茶村 あるものすごいワーカホリックな弁護士ですが、土・日・祝日もすべて事務所に行っているため、妻が物心のついた子供に父親の顔を忘れないようにするべく、毎週1回事務所に子供を連れて行き、「この人がお父さんよ」と指差したと聞いています。また、ある別の弁護士は、月曜から土曜までは事務所にシュラフを持ち込んで自宅に帰らない生活を送ったとも聞いています。お1人は75歳、もうお1人は70歳近いお年ですが、大変にお元気ですね。

黒山 そうなると、まさに化け物ですね。

白丘 しかし、弁護士の世界には想像を絶する化け物が結構いますよ（笑）。

◆ **趣　味**

藍田 皆さんに趣味はありますか？　自分の人生で趣味をどのように位置付けていますか？

黒山 私は、本当に無趣味な人間です。仕事が趣味といっては、身も蓋もありませんが、そうなのです。ただ、趣味には、癒やし系と発散系とがあるといいますね。癒やし系は、読書、音楽鑑賞、美術館めぐり、温泉めぐりなどですし、発散系は、スポーツ、カラオケなどですね。両方できれば、申し分ないのでしょうが、時間がとれないことを口実にしてサボっているのです。

茶村 私は、水泳とガーデニングですね。また、たまに、妻と一緒にクラシックコンサートにも出かけています。欧米の一流演奏家をナマで見てそのすばらしい音を聴くと、心が洗われますね。

白丘 私は、読書と散歩程度です。ただ、私の知り合いの超多忙な弁護士ですが、「時間は作るものである」が持論の人で、合間をぬって長唄を習い、国立

劇場で発表会をするまでになっています。忙しいという字は、「心を亡ぼす」と書きますが、本当に忙しい人は「忙しい」とはいわないのでしょうね。その意味で、私はまだまだの人間です。

3 幸せな弁護士人生の設計とは

◆ 人生設計の問題例

藍田 修習時代に、昔の弁護士は「生涯現役」を貫き「大往生」を遂げたと聞かされたのですが、弁護士も競争時代を迎え、人生設計が極めて重要性を増しているように思います。これまでに人生設計に問題があると感じた例があれば、お話しいただけませんか？

白丘 確かに、昔の弁護士は、生涯現役でしたね。ある地方都市の90歳を超える弁護士ですが、国選弁護の法廷で堂々とした弁論を終え、廊下に出た途端にばったりと倒れて絶命した話を聞きました。それがその弁護士会の会報で「美談」として紹介されていました。

しかし、藍田さんのいうように、いまは、若いときから人生設計をしておくことの方が大切です。サラリーマンは、勤務先の会社などが社会保険料を給与から天引きして積み立てていますから、定年退職後の人生設計を他律的にやってくれています。ところが、弁護士の場合、自律的に老後の人生設計をしなければいけないわけですね。でも、私の周囲を見ると、生涯現役、つまり高齢になっても仕事が舞い込み生活には困らないと信じて何もしていない人がかなりいます。ひどい場合は、国民年金の保険料すら納付していないのです。この人たちは、病気にもならず、ある日仕事場でばったりと死ねると信じて疑わないようですね。

茶村 弁護士の収入は、不定期です。私は、事務所を設けるにあたり、先輩から、「売上げを月単位で考えると、精神的に参ってしまうから、年単位で考えよ」と諭されましたが、そのとおりでした。ある月は予定された収入がないのに、ある月は大規模事件の受任があってかなり額の収入になることがあったりもします。企業では、月次の資金繰り計画があたり前ですが、弁護士の場合は、そうではないのです。

黒山　弁護士として駄目なのは、大きなお金が入ったときに豪遊してしまう人ですね。豪遊してしまう人、高額な買い物をしてしまう人は、来年も同じように大きなお金が入ると高をくくってしまうのでしょうが、そんな保証はどこにもありません。

茶村　私は、弁護士報酬は、税金（所得税、消費税、都道府県民税、市町村民税、事業税、予定納税）で半分以上がなくなると考えています。したがって、まとまった額の弁護士報酬が入っても、最低半分はすぐに定期預金にしてしまい、簡単には使えないようにしてしまいます。

白丘　大切なことは、若いときに人生設計を立てておくということだと思います。年をとってから設計しても当然ながら遅すぎます。いつまで仕事がくるかわかりませんし、体も頭も若いときのようには動かなくなりますから、引退の時期をあらかじめ決めておくべきです。そして、老後資金（これは預金や年金型保険ですが）を準備しておくべきです。さらにいえば、若いときから、引退後の人生をどのように過ごすのかを考え、人付き合いの仕方を訓練したり、趣味を作っておくのが理想的だと思います。

◆　自　宅

藍田　皆さんは、自宅の住宅ローンはいつまでに終えられた方がよいと考えましたか？

黒山　40歳で今のマンションを購入し、70歳までのローンを組みました。

白丘　私は、親から相続した家に住んでいます。

茶村　私は、賃貸マンションに住んでいます。趣味ではありませんが、何度も引越しをしています。

藍田　茶村さんのように、一生借家で貫くという考え方の方もいると思いますが、どうでしょうか？

白丘　選択の問題ではないでしょうか？　昔は、不動産は値下がりしないという神話がありましたから、当然に持ち家が有利だとされたわけですが、バブル経済崩壊により土地神話も崩壊しましたね。住宅ローンの返済総額は、金利も含めると借入額の倍くらいとなりますから、それに見合う資産価値が持ち家に残るかどうかの見極めでしょう。

Coffee Break —変貌する弁護士①

AIの衝撃

　未来は不安に満ちている。いつの時代も未来は、希望より不安に満ちていたのかもしれない。しかし、AIの進化は、人間の未来の仕事のあり方に決定的影響を与えることが予想されている。弁護士の仕事にも当然それはあてはまる。

　プロ棋士がAIに敗れたことが象徴するように、いまやAIは、単なる記憶力や計算スピードが超人的であるレベルを超え、自ら学習し、判断し、実行するレベルに達しているといわれている。

　弁護士の仕事は、事実に法的枠組みを適用して結論を出すものであることからAIになじみやすい分野であると考えられる。現状は、法を司るAIはまだ初歩的段階であると考えられるが、短期間に急速に進歩するであろう。

　インターネットの普及により、簡単な法律問題はそれで解決され、弁護士会を含め法律相談の件数は激減したといわれている。また、弁護士の依頼者層は、従前より格段に周辺的な法知識をインターネットで身につけ、それを踏まえて弁護士に相談することが多くなったため、弁護士には、より高度な判例の分析力や依頼者に対する説得力が必要な能力となってきている。

　AIが進化し、可能な限りの判例を分析して、事例にあてはめて的確な結論を導くことが容易にできるようになれば、普通の弁護士から仕事を奪う可能性すらある。同様のことは、裁判そのものについてもいえるかもしれない。

　しかし、人間は理性だけで行動するわけではない。弁護士の役割もAIと上手に付き合いながら、よりきめの細かい対応が迫られるのではなかろうか。

（山田　正記）

茶村　私は、いつでも転居できるという利点を重視し、借家派です。毎月のローン額、固定資産税の額を考えると、同じ広さや立地の借家の方が安いと思います。

黒山　借家派は、いつまでも現在の収入が維持できるという前提に立っているように思います。年を重ねていけば、当然収入も落ちてくるのですから、よほどの貯蓄がないと同じ広さと立地の借家に住み続けられなくなりますよ。ローンの返済は確かに大変ですが、返済が終われば、固定資産税の負担でその家に生涯住み続けられる点は、持ち家派の絶対的な利点だと思いますね。

茶村　子供と一緒に暮らす期間は意外と短いと思います。子供たちが独立して家を出てしまうと、広い家に夫婦で2人きりというのはかえって淋しいものです。そのときの状況に応じて家を移るというのも人生の選択肢の1つだと思いますね。

◆　老後の生活資金

藍田　年金を含む老後の生活資金は、どのように確保していますか？

黒山　私は、国民年金のほかに、弁護士国民年金基金に加入しています。その他に、「中小企業オーナーの退職金」といわれる小規模企業共済に入っています。掛け金は、月額7万円前後です。

白丘　私は、民間の生命保険会社の年金型生命保険契約にも加入しています。65歳になると、生活に困らない額の保険金が生涯出ることになっています。この保険料を毎月支払うのは、若い頃は結構大変だったのですが、いまになってみると、入っておいてよかったと感じています。

茶村　弁護士には退職金がないので、貯蓄をしておくことは不可欠ですね。一般のサラリーマンでも退職金のほかに、2000万円から3000万円の貯蓄があるのが望ましいといわれていますから、弁護士は、若いときから貯蓄を心がけるべきでしょう。

◆　引　　退

藍田　大規模事務所では定年制があると聞きますが、一般的に弁護士には定年がなく、自分で引き際を考えなければならないといわれています。この中

で引退することについて考えた方はいますか？　いつ、どのように引退しようと考えていますか？

黒山　私は、いつ引退するかを真剣に考えています。70歳を一応の目標としましたが、その年齢が射程に入ってくると、もう数年は現場で働けるという欲が出てきています。しかし、80歳を過ぎても現場の第一線で働くことは無理だと思います。重要な法律の改正も頻繁ですから、法律知識のメンテナンスができませんし、そもそも気力・体力が続かないように考えています。75歳前後での引退が引き際としてベストなのかなどと考えているこの頃です。

白丘　60歳を過ぎてから引退時期を決めるというのは、よほどの決断力がないとできないと思います。70歳を過ぎてもまだまだ行けると思ってしまうのが、一般的なのでしょう。若いときに引退年齢を決めておくか、他人に決めてもらうほかないように思います。東京の大規模事務所は、おおむね65歳が定年であり、事件はすべて事務所に置いていくといいます。ただ、その事務所を定年退職しても自分で事務所を開設する人が多いと聞きますので、引退の決断というのは難しいのでしょう。

茶村　私は、まだ引退を考えたことはありませんが、いつかは必ず来ることなので、先輩の経験談を真剣に聞くようにしています。

◆　**事務所の閉鎖**

藍田　引退に際してどうやって受任中の事件を引継ぎ、事務職員を解雇し、事務所賃貸借契約を解約して閉鎖するのでしょうか？

黒山　事務職員の解雇、事務所賃貸借契約の解約は、法律や契約に従って処理することになります。やはり受任中の事件の引継ぎが最大の課題でしょう。信頼できる若手に引き継げればよいし、顧問先も自助努力で次の弁護士を探してもらうことでよいのでしょうが、依頼者の中には、私個人を信頼して依頼してきた人が多いものですから、それにどう応えたらよいのかが不安ですね。

白丘　弁護士法人では、そのような問題は起きませんね。私は、将来、自分の事務所を法人化することを考え始めています。法人化の難点は、社会保険

料の負担が著しく増えることにあるといわれていますが、工夫をすれば克服できるのではないかと思います。

茶村 中小企業の事業承継が問題となっていますが、法律事務所の承継問題に弁護士会などが取り組み始めています。ただ、いまの時点では、承継する側の弁護士が承継を受ける弁護士に対して一定額の継続的金銭補償を求めたりする傾向があると聞いています。そのようなことから、両者の折り合いが付かず、成功した例はまだ多くはないようです。旧知の間柄でもない弁護士間の事務所承継にはなかなか難しい問題があるようですね。

藍田 先輩から、一部の例外を除き、70歳を過ぎると新規の依頼は減ってくると聞かされました。ある先輩は、80歳になれば顧問先はなくなるし大きな事件の依頼もほとんどなくなるともいわれました。実際はどうなのでしょうか？

茶村 私の先輩の話ですと、そのとおりとのことです。依頼者の側に立ってみて、40歳の元気はつらつな弁護士と70歳の老年弁護士のどちらを選択するかといえば、通常は前者でしょう。経験が重要視される事件では、60歳の弁護士にも依頼がいくかもしれませんが、多くはないでしょう。気力と体力の点で壮年の弁護士に老年の弁護士は歯が立たないのです。

白丘 弁護士が大きく増加して競争が激しくなっていますから、今後は70歳でも置いていかれる危険性はあります。ITなどの技術はこれからも早いスピードで進化するでしょうから、それを収得できない人は取り残されてしまうかもしれません。その意味でも引退の時期は重要です。

黒山 私は、パソコンも十分に使いこなせませんし、スマホも、電話とメール機能を使う程度です。白丘さんのいうように、若い人にどんどん置いていかれているとの焦燥感があります。法律の新設や改正も頻繁であり、私が弁護士になった頃の六法全書の厚さと現在の六法全書の厚さは比較になりません。とにかく、諦めたり怠けたりしては終わりなのだと自分を鼓舞しています。しかし、いつまで続けられるのか、正直不安ですね。唯一の慰めは、私だけがそのような境遇に置かれているわけではなく、すべての弁護士が同じ道を歩むのだということですね。

Coffee Break —変貌する弁護士②

共働き弁護士考

　日弁連の「弁護士業務の経済的基盤に関する実態調査報告書2010」によれば、既婚の男性弁護士の配偶者が無職（専業主婦）である割合は64.1％となっており、既婚の女性弁護士の配偶者が無職である割合が1.9％であるのに比べて顕著な違いがある。そして、配偶者が無職である割合は、弁護士の経験年数が上昇するほど高くなっているので、若い世代ほど共働きが増える傾向にあるといえよう。

　わが国の歴史を考えてみても、男性は外で働き、女性は家庭で家事や育児をするという性別分業が普及したのは比較的新しく、資本主義の発達とともに広がり、1970年代にピークに達したといわれている。その後、先進国の経済が脱工業化し、サービス労働が大きな割合を占めるようになり、また女性も高学歴化し、雇用される場が広がると共に夫婦共働きの世帯が増加した。この傾向は、経済のグローバル化により男性の雇用が非正規化し、不安定化することにより、拍車がかかっているといえよう。

　弁護士人口が急激に増加する中で、弁護士、特に男性弁護士の収入が減り、また不安定化するとともに、若い弁護士は夫婦共働きを選択肢としてとることを余儀なくされていると思われる。それに伴い弁護士のライフスタイルも大きい変化が生じるものと思われる。弁護士が顧客の生活実感を共有するようになることは、顧客にとっても望ましいことかもしれない。

（山田　正記）

Article 1
うつ病への備え

山中　尚邦

1　弁護士はうつ病になりやすい？

　○○弁護士がうつ病になった、という話題を、ときどき、耳にするようになった。
　これまでにも、不幸にもうつ病になった弁護士の話として、法律事務所にはいるのだが、依頼者からの電話であっても受話器をとることができない人、依頼者が法律事務所に電話をしてもいつも出てこず、事務職員に伝言をしても折り返しの返事がなく、法律事務所を訪問しても不在で連絡がとれないが、実は、事務所内に閉じ込もっていた人、会合に出席していても表情が暗く、会合の話題とかかわりなく悲観的な話をし始めて止まらない人のことを聞いたことがある。
　弁護士と連絡がとりづらい程度で止まればまだしも、それが事件放置に発展すれば、懲戒処分の対象になる。仕事をしなければ収入が乏しくなって、依頼者の預かり金に手を付ける羽目に陥ると、重篤な不祥事になってしまう。
　厚生労働省の調査では、気分障害患者数は平成11年に43.3万人であったのが、平成14年は71.1万人、平成17年は92.4万人、平成20年は104.1万人と増加しているとのことであり、日本ではうつ病の12か月有病率（過去12か月に経験した者の割合）は1〜2％、生涯有病率（これまでにうつ病を経験した者の割合）は3〜7％というのであるから、一生涯に15人のうち1人はうつ病を経験する計算になる。また、女性、若者に多いともいわれている。
　こう見ると、弁護士だけに特別多い病気でもないかもしれない。ただ、労働安全衛生法の改正により、企業にはストレスチェック制度が義務づけられ、制度的に従業員の保護が図られているが、弁護士にはその保障はなく、自分で自分の身を守らねばならない。

2 うつ病になる原因と予防は？

　何の原因もなくうつ病になることもあるらしいが、多くはストレスが引き金とされている。弁護士は、依頼者と一緒に心の重荷を背負う仕事である。弁護士報酬を慰謝料にたとえる説もあるほど、精神的負担は大きい。弁護士であれば誰でも、ふと、困っている仕事を思い出して、気持ちが沈み込むような経験をしているだろう（日曜日の夜に多いようだ）。

　また、ほかの章で取り上げているように、弁護士は仕事自体のもつ精神的負担に加えて、依頼者との信頼関係の維持、相手方との対立、法律事務所の経営問題や法律事務所内の人間関係などの課題に日々接しているから、弁護士の生活環境はストレスの温床ともいい得る。

　ストレスの対処法については、平成27年10月に、日弁連から『弁護士のためのメンタルヘルスガイダンスブック』（以下「ガイダンスブック」という）という小冊子が刊行されており、わかりやすく書かれているので、一読をお勧めする。

　ガイダンスブックでは、規則正しい生活、十分な睡眠、趣味による発散、人と話すこと、適度な運動などが勧奨されている。それぞれ有益な指摘であるが、すべてのことが実行できる弁護士はそう多くないかもしれない。要は、自分に合った発散法を見つけて、仕事から離れる時間を作ることだと思う。

　うつ病は完璧主義者とか責任感が強すぎるなど、物事の考え方にも起因するといわれる。「人生の中では十のうち八か九は思いどおりにならない」という言葉がある。あまりいい加減でも困るが、適度に思考を柔軟にすることを心がけたい。そのきっかけとして、人に相談したり、相談ではなくとも人と話をすれば、ストレスを溜め込まずに済むだろう。共同事務所に所属していれば、同僚や先輩に話を聞いてもらいやすい。その他に、バランスのとれた食事を心がけ、仲間とおいしいお酒を適量に楽しむこともストレスから逃れる途といえる。

　そして、自らあるいは周囲の人の心の変調を感じたら、早い段階でガイダンスブックにある相談窓口に連絡して、電話や対面でのカウンセリングをしていただきたい。

3 三大疾病によるリタイア

　うつ病に限らず、病気によって健康を害し、仕事ができなくなった弁護士の話も聞く。

　50〜60歳代の働き盛りで、脳梗塞におそわれ、業務への復帰に苦労された先輩弁護士や肺ガンを患って、長期療養をされていた先輩弁護士もいた。

　日本人に最も多い死因である三大疾病、すなわち、ガン、心疾患、脳血管疾患は生活習慣病でもあるから、偏った食事、運動不足、喫煙などの日常生活を改善することによってある程度予防できるだろうが、それ以外の病気にもいつ襲われるかわからない。

　もしも長期の入院生活を余儀なくされると、健康状態の回復だけでなく、顧客層の回復にも大変な苦労をするであろうし、後遺症が残ったとすれば、リハビリや闘病生活を続けつつ、職場に復帰することは相当の困難を伴うことが想像される。たとえ、共同事務所のパートナー弁護士や勤務弁護士の支えがあってもである。

　いい古されたことではあるが、日頃の備えとしては、食生活など日常生活に気をつけること、毎年の定期健康診断を受けたり人間ドックで検診を受けること、そして、自分の体調の変化に敏感であることが肝要かと思う。

　また、病人を支える家族の苦労を考えれば、弁護士向けの医療保険、ガン保険、所得補償保険、生命保険などに加入して、リスク分散を図る必要もある。これは老後の備えにもつながるものである。

　弁護士こそ健康が資本であり、弁護士生活を全うするためには、年齢にかかわらず、自分の体力を過信しないことも必要である。

Article 2
私の健康法

太田　秀哉

1 弁護士と健康管理

　健康管理は、どのような職業においても重要なものであるが、弁護士にとってはより重要性が高いといえる。多くの弁護士は個人営業であり、健康を害して休業せざるを得ない事態に陥れば、受任していた事件を継続することはできないし、事務所経営もたちまち行き詰まることになる。

　弁護士は、病気で休んだときも、そのことを公にしないことが多い。それは、依頼者や顧問先が今後依頼を継続することを不安に思われることを危惧するからだといわれている。このように、弁護士においては、健康のリスクは極めて高いものである。

2 睡眠・食事・運動

　健康法というと、人それぞれ多くのものがあると思うが、基本は、睡眠・食事・運動であると考える。

　睡眠は、何時間がいいのかさまざまな考え方が示されているが、時間よりも質が問題と考えている。そのために、快適な睡眠をとることができる環境に気を遣うことである。寝具にはある程度投資をしても質のよいものを揃えるべきである。

　弁護士は、食事が不規則になりがちである。朝食をとらず、多忙のために、きちんとした昼食をとる時間がなく、そのことを自慢のように話す弁護士もいるが、経験からも食生活が乱れていては、長い期間健康を維持することはできない。

　また、かつて、弁護士が夜に、自宅で食事をとっているようでは駄目で、さまざまな会合に出席し、依頼者と食事をすることで人脈を広げなければならないなどといわれて、毎晩のように酒席を繰り返す生活をしていた者も多かった。

しかしながら、このような生活が長く続けば健康に悪影響を及ぼすことは明らかである。

　こうしたことは、弁護士でなくても、ほかの職業であっても同じであろうが、長く健康を維持しながら働いていくためには、自分でルールを決めて自己管理をしていくほかないと考える。どんなルールでもよいのであるが、たとえば、週のうち、酒席は何日までにし、休肝日を設けるようにするなどである。食生活の習慣については、多くの方が自分なりのやり方を設けており、自分なりのものを見つけてそれを習慣化することが大切である。

　私は、朝食は人参、小松菜、レモン、バナナ、リンゴなど数種類をスムージーにしてとることにしている。これには、バナナなどが入っているために、カロリーもある程度とることができるので、パンやご飯はとっていない。

　昼、夜はほとんど外食であるから、カロリーを抑えつつ、多くの食材をとることができるようなお店を見つけて、そこへ通うことにしている。

　運動は、規則的に行うことが大切なことはわかっていても、実行できないものである。健康維持のためということからすると、ゴルフやテニスを時折やるというのではなく、日常的に継続的に行うことが重要とされている。

　最近の研究で判明したこととして紹介されていたが、健康維持のために適切な運動は、毎日時間にして20分間の早足のウォーキングであるとのことである。この程度であれば、通勤の際に、地下鉄の駅を1つ前で降り、帰りも1つ先で乗ることにして、日中の移動でもタクシーを使わないことくらいで達成できそうである。自分の経験でも、地下鉄の駅を1つ分歩くくらいであれば、それほどの苦労なくできており、これで十分ではないにしてもかなりの効果はあったと感じている。

　健康法も、各人でさまざまであり、皆それぞれ工夫をされているようである。健康オタクになる必要はないが、情報を収集し、自分に合った長続きするものを取り入れること、そのような意識をもつことが大切である。

3　メディカルチェック

　健康管理のうえでは、定期的な健康診断が大切である。健康診断は、自分だ

けでなく、事務職員についても受診させるべきである。弁護士会においても健康診断を企画しており、これを利用している弁護士は多い。

　健康診断で計測される数値は、その時点で正常値かどうかを判断するだけでなく、人は個人差があるので、健康な状態のときの数値を把握しておくことが重要である。健康診断の結果を保存しておき、体調を崩して医者にかかるときに、これを持参すると重要な資料となる。今後は、個人のこうした健康診断のデータが電子的に保存され病気の際に即座に参照されるような仕組みが作られるようになるようである。

　むろん、弁護士会の健康診断の内容は限られているので、より詳細なものとして人間ドックを受診することも有用であろう。毎年、誕生月に受診することとしている人もいる。私は弁護士会の検査で胃のレントゲン検査は受けず、年1回の内視鏡検査を受けている。

4　リフレッシュのために

　肉体だけでなく精神の健康を維持するためにも、自分なりのリフレッシュ法を見つけることも大切である。人によっては、ゴルフ、テニス、山歩きなどのスポーツであり、囲碁、将棋、楽器の演奏、絵画など何でもよいであろう。

　弁護士は孤独になりがちであるが、弁護士会や会派の中のサークルに参加することも1つの方法である。私はゴルフぐらいしかないが、ゴルフを通じて新たな友人ができ親交が深まることもあり、そのような交流が癒やしとなることもあるので、いろいろなことにチャレンジしてみるとよいのではないかと思っている。

Article 3
弁護士のリタイア

山下　善久

1　リタイアを意識

　弁護士のリタイアを意識するようになった。

　顧問先にインターネット上で匿名者から攻撃を受ける事件が発生した。

　1990年代以降、インターネットの普及によりインターネット上のトラブルが多発している。匿名加害者の攻撃に対しては、削除、発信者情報開示の請求、仮処分申立、さらには刑事告訴を行ったりしているが、なかなか効果が出ない。

　小学生時代からパソコン・インターネットを日常的に使用してきた若手弁護士と違い、私は、いまだにパソコン・インターネットをうまく使用できなく、上記事件においても、用語の意味から覚えなければならず、申立書などの作成には時間を要し、若手弁護士のようにスムーズにはいかない。

　今後も、インターネット事件以外にも弁護士に高度な専門性を求められる事件が発生することが予想されるが、私にその専門的知識などを習得するだけの気力が残っているかどうかと考えると、そろそろリタイアかと意識するようになった。

2　ある先輩弁護士のリタイア

　ところで、私の先輩弁護士が70歳を契機に引退された。

　その理由を聞いてみたところ、次のように述べられた。

(1)　余生を楽しみたい

　先輩弁護士は、50歳代頃から、「さて今日は本を読もうか、町や野山を歩こうか、それとも朝酒でも飲もうか」などと考えながら起床し、自由に生きる生活を1年間でもいいからそれをしたうえで死にたいと考えるようになったとのこと。それが、「1年間ではつまらない。できれば10年間くらいはそんな日々

を送ってから死にたい」と思うようになったそうである。

(2) 体力・気力が衰えた

70歳近くなると、事務所経費と生活費を得るのが精一杯の状況になったが、その年齢では、体力・気力とも衰えを自覚するようになり、老骨に鞭打って収入増を図る努力をしようという気持ちにはとてもなれなかったとのことである。

(3) 老後資金を蓄えた

これはとても重要なことであるが、先輩弁護士の奥様が、若いうちから老後の生活資金計画に熱心であって、個人年金や職能年金、互助年金などに加入しており、事務所を閉鎖して業務収入がなくなっても、生涯生活していけるだけの金銭的な手当がしてあったこともリタイアに踏み切った理由の1つであったとのことである。

3 リタイアの要件

私は、1年のうち元旦と行事や旅行で事務所に出られない日以外は、土、日、祭日もすべて事務所に出ている。このような生活を15年以上は続けている。土、日、祭日は、電話もなく、静かに1人で仕事をすることができ、この生活が私にとって一番のストレス解消法である。事務所を閉鎖すればこの楽しみを失うことになるが、いまだこの楽しみ以上のことを見つけることができていない。先輩弁護士のように余生の楽しみをいまだ見つけていないのである。

上記のとおり、インターネット事件のように用語から覚えなければならないが、仕事に対する気力は十分ある。そもそも今回本書の原稿を書いていること自体新たな挑戦である。

弁護士は定年がない。その代わりに退職金もない。また、年金も任官した同期生と違い、国民年金だけである。老後の蓄えがなければ、先輩弁護士のようにリタイアをすることもできない。

残念だが、私は、いまだリタイアの要件を備えていない。

4 5000万円の貯蓄！

第二東京弁護士会が発行している『二弁フロンティア』の平成27年4月号

第6章──人生設計の経験学

に「続・ハッピーリタイアメント〜幸せな弁護士人生のあり方」と題して、70歳で引退してから90歳まで長生きした場合のライフプランの特集が掲載されている。

シミュレーションによると、国民年金だけではなく、国民年金基金、小規模企業共済に加入していても、月40万円の生活費を得るためには、貯蓄額は5000万円以上が必要だとしている。

弁護士会の会費の支払に四苦八苦しているのに、国民年金のほかに国民年金基金、小規模企業共済に加入して、それらの掛け金を毎月支払い、そのうえに、貯蓄5000万円以上といわれても、容易なことではない。

ただ、上記特集は、冒頭にも記載されているが、将来設計を考える若手・中堅弁護士に1つの材料を提供しているものであり、弁護士の働き方には多様な形態があり、幸せな弁護士人生のあり方にも無数の答えがある。上記ライフプランのように貯蓄がなくても幸せな人生を送ることは可能である。

弁護士に体力・気力が続く限り、リタイアする必要はない。生涯現役弁護士であればいい。ただ、生涯現役弁護士といっても、社長の交代などで顧問先を打ち切られたり、いままで仕事のあった企業でも同年輩の社員がすべて退職し、仕事の依頼がなくなり事務所の経費が支払えなくなることは予想される。そうなれば、わざわざ事務所を開設しておく必要はなく、自宅を事務所にしたり、友人に事務所の一画を使わせてもらうなど工夫すればよい。いまは携帯電話、メールでの連絡ができ、依頼者との面談も依頼者宅に出かければよいし、弁護士会の面談室でも、喫茶店でもよい。工夫次第でどうにでもなる。しかし、気力・体力が続かなくなり、依頼者の要求に応えることができなくなればリタイアはやむを得ない。

ところが、引退したとしても、貯蓄もなく国民年金しかない生活は惨めである。リタイア間近になった弁護士の忠告として聞いてほしい。大変とは思うが、若いときから老後のことを考え、少なくとも国民年金基金、小規模企業共済には加入しておくべきである。

終末はハッピーに

山田　正記

1 弁護士にライフプランは必要か

　私が弁護士になった30年ほど前は、弁護士のライフプランを考えること自体なかったといってよいであろう。弁護士には定年がないので、生涯現役を標榜していれば、それで済んでいた。現実には、高齢になれば仕事は減るが、それでも贅沢さえしなければ生活を維持できる程度の仕事はくると構えていたのではなかろうか。そのため国民年金基金（日本弁護士国民年金基金）はおろか、国民年金にすら加入していない剛の者も数多くいた。私は、前職が国家公務員であったので、大学卒業後共済組合年金に加入し、その後弁護士に転じてから当然国民年金に加入したので、先輩弁護士との意識の違いに驚いた経験がある。

　それが、ここ十数年来の弁護士大幅増加のあおりを受け弁護士間の競争の結果、収入が減り、老後の生活が立ち至らなくなり、不祥事に手を染めるといったケースが出てきている。

　このため、日弁連では不祥事対策の一環として弁護士に対する事務所マネジメントや、将来設計に関する研修などの施策が必要であるとの考えのもと、弁護士職務の適正化に関する委員会の中にマネジメント研修PTを作った。

2 弁護士の収入と所得の現状

　専門家であるファイナンシャル・プランナー（FP）にアドバイスを受けたことがある。

　それによると、まず弁護士業界の収入事情であるが、2010年と2014年の確定申告書に基づく調査結果を比較してみると、2010年では売上（収入）の平均値は3304万円で、中央値は2112万円である。

これに対し、2014年では、平均値は2503万円で中央値は1500万円である。実に平均値にして25%、中央値にして29%の減少である。
　次に、所得について同様に2010年と2014年を比較してみると、2010年の平均値が1471万円で、中央値が959万円である。これに対し、2014年では平均値が1007万円で、中央値が695万円である。平均値にして32%、中央値にして28%の減少である。
　これは、最近の弁護士激増により収入や所得の比較的低い若年層が増えた影響もあると思われるが、全般的に収入や所得が減少しているせいであろう。
　よく弁護士は医師と比較されるが、医師は国民皆保険制度の恩恵を受けており、所得は弁護士よりはるかに高い。ある雑誌では、弁護士資格について、取得するのに難易度が高い割には、収益の少ないブラック資格であると揶揄しているものがあるほどである。
　特に、近年は、大学や法科大学院で奨学金を受けていたり、また司法修習生のときに貸与金を受けていたりして、弁護士になった時点で貸与金の返済だけで借金が平均して300万円、大学や法科大学院の奨学金の返済を含めると合計で1000万円を超える例もあるという。
　もちろん、弁護士は、弁護士法1条1項にあるように、基本的人権の擁護と社会正義の実現を使命とするといったプロフェッションとしての公共的な使命を有しており、それに魅力を感じる者がいる限り、弁護士を志す者がいなくなることはないと思う。しかし、経済的基盤が揺らいでは、有意な人材が弁護士業界に入ってこなくなり、結局国民の利益にはならない。現に法曹資格の登竜門である司法試験の志願者が減少しつつあるのは憂慮すべき事態である。

3 家計改善の3つの方法

　FPによると、老後の生活費の目安として、公益財団法人生命保険文化センター「生活保障に関する調査（平成25年度）」では高齢夫婦世帯で平均して月に22万円、多くが20〜25万円が老後生活を送るうえで必要と考えている。しかし、総務省の「家計調査（平成25年度）」では、高齢夫婦無職世帯での支出は月額約27.6万円、収入は約21.7万円で、考えているよりも実際の支出額

が大きい。この収支では月に6万円弱、年間で約70万円が不足する計算になる。

弁護士の場合は、収入は国民年金と日本弁護士国民年金基金であるから仮に夫婦で国民年金に30年加入（免除期間無し、付加保険料の納付も無し、繰上げ・繰下げ受給無し）し、また日本弁護士国民年金基金に、35歳までに9口加入したとして、収入は月額約19.8万円なので、月に8万円弱、年間で約100万円不足する計算になる（国民年金については、http://www.nenkin.go.jp/service/kokunen/　また、日本弁護士国民年金基金については、http://www.bknk.or.jp/point/frame.htm をご覧ください。）。

そのため、老後20年では2000万円、30年で3000万円が蓄えとして必要となる。しかも、これは、国民の平均の老後の生活費の目安であるから、生活を多少なりとも余裕をもって維持しようと思ったら、もっと多額の貯蓄が必要になる。このため若い時に年金に加入せず、貯蓄も十分してこなかったキリギリス弁護士には悲惨な末路が待っていることになる。

そこでFPによると、家計改善の3つの方法を若い頃から心がけるべきであるとしている。

第1に、収入を増やすことである。これは、弁護士自身の収入に限らず、家計全体の収入を増やすことである。これまで、男性既婚弁護士の3分の2ほどは、配偶者が専業主婦であったが、これからは、配偶者にも家計を担ってもらわなければならないであろう。最近ある若い男性弁護士に聞いた話では、弁護士の収入は不安定であるが、配偶者が地方公務員で安定した収入があるので安心して働くことができるといっていた。こうした婚姻形態が今後より選択されていくことになるかもしれない。

また、訴訟活動以外の分野、たとえば法律相談や各種法的アドバイスの分野で収入を増やすよう心がけているようである。このことは、法の支配を社会の隅々まで行き渡らせるといった司法制度改革の理念にも合致し好ましいことと評価できよう。

第2に、支出を減らすことである。ただし、単に支出を減らすのは、逆効果のこともあるので気をつけようとのことである。

あまりに見すぼらしい身なりをしていたり、事務所も狭く暗く乱雑で、一見

して事務職員の待遇も悪そうであると、顧客も警戒して引いてしまうことがあるので、それなりの支出は必要である。要するに無駄な支出を減らすということである。

そして、借金がある場合にはまずそれを減らし、余裕ができてきたらいざというときや将来に備えて貯蓄をしておくことである。私の祖父は地方の比較的大きな会社の経営に携わっていたが、処世十訓という額が祖父の自宅に飾ってあって、そこに「上見て進め、下見て暮らせ」と書かれていたのを思い出す。このことは、昔も今も変わらないということだろう。

そして、最後の第3は、投資をして増やすことである。定期的に貯金をする習慣がない者が投資を考えては駄目ということである。投資をするのであれば、国民年金に加入するのは当然として、日本弁護士国民年金基金、小規模企業共済、個人型確定拠出年金などの節税効果の高いものがお勧めということである。

ただし、最も大切な投資は、自己投資、なかんずく健康に対する投資である。弁護士の仕事は、ストレスの多い仕事なので、気分転換を図るための趣味をもったり、健康を維持するために定期的に運動することが求められる。

弁護士の不祥事事例を見ていると、意外に多いのが精神的な病による職務放棄事例である。うつ病は、弁護士本人よりも周りの家族が気づくケースが多く、最近は日弁連でも専門家によるメンタルヘルスの窓口を設けるようになった。その場合、弁護士本人だけではなく、家族からの相談も受け付けている。

また、数年後には、団塊の世代が一斉に高齢者となり、超高齢化社会の到来とともに認知症を患う弁護士も確実に増加するものと思われる。これに対する対策も急務と思われる。

4 あるべき老後とは

欧米の弁護士事情に詳しい者によると、彼の国では、60歳ほどになると弁護士稼業から足を洗い、第二の人生を楽しむというのが普通だとのことである。もちろん社会のあり方が異なるので、わが国の弁護士がまねをしようとしても、そう簡単ではないと思うが、理想の形なのかもしれない。

いずれにしても、今日では弁護士生活のスタートを切った時点からきちんとライフプランを立て、定年がないといって安心することなく、高齢になって次第に仕事が減ってきても、不祥事に手を染めることなく、弁護士人生を全うしたいものである。そして、できればハッピーリタイアをして、余生を趣味や社会的貢献活動にささげることができるように余裕をもって生きることを目指すよう心がけたいものである。

＊この稿を書くにあたっては、FP平田仁志氏（AFP）の論考を参考にさせていただいた。記して礼を述べる。

Coffee Break —変貌する弁護士③

インハウス

　日本組織内弁護士協会がホームページに載せている企業内弁護士の数は、2015（平成27）年6月現在で1442名となっており、ここ数年で急速に増えている。修習期別で見ても60期台が1014名と7割を占めており、若い層がインハウスの弁護士として活躍していることがわかる。とりわけ女性の割合が40%と高い割合を占めており、労働環境が一般の法律事務所より恵まれていることが、その大きな要因と考えられる。

　60期台後半の若いインハウスの弁護士と話をしたことがある。

　その弁護士は、一般の法律事務所への就職を蹴ってインハウスを選択したといっていた。インハウスの弁護士は、単に法律について知っているだけでなく、会計や労務管理など、会社の経営を全体として把えることが必要であり、自分は現在公認会計士の資格を取得するために勉強中であると話していた。新しい法曹のあり方として期待される。

　他方で、その弁護士は次のような懸念を話していた。

　現在弁護士の不祥事として預かり金の横領などが世間の顰蹙をかっているが、今後は、インハウスの弁護士が、会社の違法行為にかかわることにより懲戒になるケースが多く出てくるのではないかというのである。

　インハウスの弁護士は、会社のコンプライアンスの確立のために力を尽すことが求められるものの、会社内の力学で、法務部門が他の部門に主導権を奪われ、それに従わざるを得ないことも十分あり得る。そのようなときに毅然とした態度をインハウスの弁護士がとれるか否かは、弁護士が組織をやめても独立して生計を立てるだけの基盤が備わっているかにかかわってくると思われる。インハウスの弁護士として会社にしがみついていないと生活に困るということであれば、先の弁護士の懸念が的中するということにもなりかねない。

（山田　正記）

第7章 転落回避の経験学

第7章──転落回避の経験学

Introduction

　自堕落な生活の末に懲戒処分を受けたり刑事事件を起こしたりして転落していった弁護士は昔からいるが、些細なミスや不本意な病気などが原因で懲戒処分を受けたことを機に転落していった弁護士も少なくない。最近は、中堅・ベテランの弁護士だけでなく、若手の弁護士にも、そういう転落する人が出てきている。希望と理想に燃えて弁護士となったはずの人たちがどうして転落していったのかを知り、転落を回避するためにはどうすればよかったのかを考えることは、これからの弁護士人生を実り多いものに構想していくうえで決して無駄ではない。

　本章では、転落を回避する方策をテーマとし、懲戒を受けないための経験学、非弁提携弁護士にならないための経験学、転落から立ち直るための経験学を語るDiscussion（座談会）とし、Article（論考）としては、「誰もがリスクを負っている」「非弁提携に墜ちる人」「蟻地獄」を掲載した。

　新人・若手弁護士は、ロースクールの法曹倫理の講座で弁護士の懲戒に関する講義を聞いても違う世界の物語と聞き流していたと思われるが、実務に就いた途端、懲戒処分は別世界の物語ではなくなる。私も含め、弁護士になり立ての頃は、自分に限って懲戒処分を受けるはずがないと高をくくっているが、やがて、とんでもない落とし穴が至るところにあることを思い知らされる。しかし、その落とし穴に決してはまってはいけないのである。それを知ってほしいと思う。

（髙中　正彦）

•Discussion•
転落回避をめぐって

1 懲戒を受けないために

◆ 最近の懲戒処分の傾向

藍田 日弁連の機関誌『自由と正義』末尾にある懲戒処分の公告欄は、大変気になりますので、毎号欠かさず見ていますが、最近の懲戒処分の傾向は、どうなっているのでしょうか？

白丘 私は、弁護士会の綱紀委員会の委員を務めているのですが、三大懲戒類例は、事件放置、預かり金の着服、利益相反行為ですね。これに続くのが、不当に高額な弁護士報酬の請求・受領、説明義務違反、名誉毀損などです。弁護士全体に占める被懲戒弁護士の割合は、横ばい状態ですが、平成23年から24年にかけてはマスコミでも大きく取り上げられた巨額の横領・詐欺事件が続発し、日弁連でも、急遽不祥事対策を練り上げ、平成25年に「預り金の取扱いに関する規程」を制定したりしました。

茶村 弁護士人口が急増している中、若い弁護士の懲戒が大きく増えているかといえば、そうでもありません。たとえば、預かり金着服、事件放置の非行に発展するためにはそれなりの受任事件の存在が必要なのですね。しかし、技量の未熟さに由来する説明義務違反、法的解釈の誤り、不当な表現行為などは、確実に若い弁護士に増えています。

黒山 これまで長く弁護士をやってきましたが、懲戒処分にも時代の流れがあるように思いますね。バブル経済が弾けた頃は、株や不動産投資で失敗した弁護士が巨額の横領事件を起こしました。弁護士の逮捕が相次いだため、日弁連の関係者が国会に呼び出されたりもしました。その後の失われた10年では、債務整理事件での非弁提携が増加しました。いまの特徴は、弁護士の増加に伴う競争激化が原因と思われる懲戒事件が目に付くことでしょうか。たとえば、離婚事件で相手方の勤務先に内容証明郵便を送付す

るとか、自力執行に加担したなどのいわゆる熱心弁護の例は、依頼者の利益のみを考えた結果ですが、その背景としてお金に対する執着があったともいえるのではないでしょうか。

◆ **懲戒処分を受けるタイプ**

藍田 懲戒処分を受ける人に共通するタイプというのはあるのでしょうか？

白丘 たとえば、控訴期間徒過は、誰にでも起こり得るミスだと思うのですが、預かり金横領や非弁提携は、誰にでも起こり得るとはいえません。後者についていえば、自制心がない弱い性格が原因といえるでしょうが、その原因をさらに突き詰めていくと、人生設計や経営管理ができない能力不足、人をたやすく信用してしまうお人好しさなどを指摘することができると思います。

黒山 高校時代は秀才とうたわれ、超有名大学に在学中か卒業後すぐに司法試験に合格した人でも、懲戒処分は無縁ではありません。IQの高さは、全く関係ないですね。

茶村 虚栄心が強い人、わかりやすくいえば見栄っ張りの人が多いですね。収入が落ちたことをひた隠しにし、お金があるように見栄を張る人は、横領事件を起こしやすいといえるでしょう。

◆ **転落の原因**

藍田 何度も重い懲戒処分を受け、最後は弁護士の身分を剥奪された人は、どういうことが転落の原因になっているのでしょうか？

黒山 男性弁護士でいうと、自堕落な生活の末に転落していった原因は、女性問題が多いようです。少しお金に余裕があるため、結構値の張るクラブやキャバクラに通い詰め、やがては特定の女性と昵懇になり、ここからさらに堕落していくという経路ですね。女性問題は、弁護士に限らず、男性一般に見られる転落の原因ですが、まさに古今東西を問わないものなのでしょう。しかし、私の知っている人は、あっという間に転落していき、最後は刑務所行きでしたね。彼は、弁護士にならなければ、こんなことにならなかったであろう思います。

茶村 些細な失敗で懲戒処分を受けたことがきっかけとなって転落していった弁護士も少なくないようです。たとえば、利益相反で懲戒処分を受け、そ

れを嗅ぎ付けたたちの悪い事件屋に取り込まれていった弁護士もいます。

白丘　ある弁護士は、あまりに生真面目な性格が災いして懲戒処分を受けましたね。どういうことかというと、たくさんの事件を受任し、これらを誠実に処理しようという気持ちが先行し、とうとううつ病になり、事件処理放置で懲戒処分となりました。懲戒処分は、えてして自堕落な人、性格の変わった人、自制心の足りない人などに多いものと思われがちですが、決してそうではないのです。

◆ **転落していく過程**

藍田　私もそうですが、希望と理想に燃えて弁護士となったのに、どうしてその希望と理想を捨てて転落していったのでしょうか？

白丘　誰だって、法曹を目指して司法試験の勉強をしているときは、自分が懲戒処分を受けて転落していくことは絶対にないと考えています。でも、現実には転落していく弁護士があとを絶たないわけですが、私は、転落した弁護士は、性格的に弱いために自制が利かない人が多いと思います。

黒山　私が知っている限りでいうと、転落していく弁護士は高価な自動車を乗り回し、豪華なマンションに住まい、女性関係が派手という印象があります。ある弁護士は、銀座の高級クラブで豪遊していると周囲に自慢していましたが、底が浅いなと感じていました。根が自信過剰なのでしょう。

茶村　黒山さんの指摘するような人は、だんだんに人が離れていき、最後は独りぼっちになりますね。私の知っている人についていうと、女性関係が派手で妻とも離婚し、一人暮らしをしていました。やがて、知り合いの弁護士も、敬遠するようになり、最後は、忠告をしてくれるような人も全くいなくなりましたね。本心は知りませんが、その姿から見れば、唯我独尊を厭わない性格なのでしょう。

白丘　弁護士の仲間内でも孤立していると、危険だと思いますね。仲間と付き合うときに、そのいいところを吸収しようという意識をもち、忠告されたらそれを真摯に聞くという謙虚さがないと駄目でしょう。弁護士の仕事は、もともと第三者に監督されているものではありません。迷っていること、悩んでいることを相談できる仲間や先輩はやはり必要だと思います。独自

の判断で誤った行動をとるのはこわいことです。

◆ 転落を免れるには

藍田　先ほどお話しいただいた転落した人たちは、どうすれば転落しないで済んだと考えられますか？

黒山　弁護士の依頼層は、その弁護士の人格の投影であると思います。暴力団とか事件屋の人たちが依頼する弁護士は、やはりそのような事件を受ける人格なのですね。服装や顔つきも、おかしな依頼者ばかりになるとなぜかその人たちに似てくるのです。

　ちなみに、弁護士の服装についていえば、昔は、ダークスーツにネクタイと決まっていましたが、IT系の社員がポロシャツ・ジーンズ姿で六本木ヒルズなどの高層ビルに入って行く姿が不自然でなくなるのと平仄を合わせるように、ラフな格好の弁護士も出てきたようです。つくづく時代が変わったと思いますね。服装で人を判断することにはよくよく注意が必要になったように思います。しかし、そうはいっても、転落していった弁護士の服装は、転落のシグナルであったといって差し支えないように感じています。

白丘　弁護士は偉いものではないということを知るべきでしょうね。三大プロフェッションである聖職者、医師、弁護士は、人の苦悩を救済する職業であり、決して特権的な地位や優越的な地位にあるわけではありません。それが、周囲から「先生、先生」と持ち上げられ、自分が偉くなった気になって結構なお金を手にして慢心したときが転落への階段を一歩踏み出すときなのでしょう。

茶村　ミスをしないように日頃から注意をしておくことも大切です。ある若い弁護士が任意整理の債権者集会を開いて説明していたとき、いかがわしい事件屋が「先生、この会社の整理について特別清算手続をとらない理由を説明してくれ」と迫ったのですが、その弁護士は、特別清算の勉強をしていなかったため、うまく答えられなかった。その結果、事件屋に取り込まれ、最後は懲戒になり、挙げ句は暴力団専属弁護士になったといいます。この例は、ミスにつけこまれても毅然と対応すれば回避できたものともいえま

す。いずれにしても、小さなミスで懲戒になり、転落していった例は多いと思います。もう1つ心がけたいのは、弁護士の友人をたくさん作っておくことです。その中の1人が気がついて注意してくれれば、転落を免れることは多いと思います。

2 非弁提携弁護士にならないために

◆ 非弁提携弁護士の実像

藍田 東京、大阪などの都市部では非弁提携弁護士がいるとのことですが、非弁提携弁護士の具体的な姿がよくわかりません。どのような弁護士を非弁提携というのですか？

Coffee Break ─昔の弁護士①

正 写

　昔は、コピー機という便利な機械はもちろんなく、コピー機が弁護士の世界に普及する前は、「青焼き」と呼んだジアゾ式複写機であった。それでは、その前は？というと、当然人力式！である。つまり、事務職員が書証原本をひたすらカーボン紙を入れて鉄筆で複写したのである。契約書も現在のように長文かつ複雑ではなかったから、筆記ができたのであろう。そして、正確に原本を転記したことを証する用語が「正写しました」なのである。昔の法律事務所には「右正写しました」というゴム判が必ずあった。コピー機が普及してからも書証に「右正写しました」のゴム判を押す弁護士がいたが（私も、そのようなゴム判を押した書証をもらった経験がある）、さすがにいまは見かけなくなった。

　しかし、科学技術の発達は、いいことずくめでもない。コピー機による複写精度は著しく向上し、どちらが原本かの見分けが難しくなった。これを悪用する人も出てきた。「正写」の意味を今一度考えてみるのも悪くない。

　　　　　　　　　　　　　　　　　　　　　　　　　（髙中　正彦）

黒山 債務整理の非弁提携事務所に行くと、一般に事務長と称する男性が事務所全体を取り仕切り、かなりの数の女性スタッフがパソコンを駆使して整理事務を行っています。また、記録ロッカーには相当な数の事件ファイルが保管されており、電話で応対するのは事務長と男性事務職員ですね。事件処理は、高度にマニュアル化されており、抱え込まれた弁護士は、事務長のいうままに形式的に依頼者からの面接聞き取りをする程度です。なかには、挨拶をする程度であとは事務長などに任せてしまう弁護士もいるそうです。私からすると、見ていて哀れになります。

白丘 最近の特徴をいうと、インターネットを使った広告、チラシ広告などで債務整理事件はもちろん交通事故事件、離婚事件、残業代請求事件などを幅広くかき集めて、弁護士に紹介するビジネスですね。若い弁護士がターゲットといわれていましたが、結構年をとった弁護士も標的になっているようです。

茶村 私のところにもファックスが届きましたが、「交通事故で困っている人を紹介しますので、受任していただけませんか」と書いてありました。また、最近は、「広告をしませんか」ともちかけて、非弁提携に引きずり込む手口もあるようです。こんなところに手を出すと、大やけどをしますね。楽をして多くの報酬が入ることはないと肝に銘ずる必要があります。ちなみに、事件屋は、NPO法人という合法的な衣を纏って現れることもありますから、外見で惑わされては駄目ですね。

白丘 新たな非弁の手口が出てきますと、弁護士会としても注意を呼びかけているのですが、「楽をして儲かる仕事はない」という認識を常にもつことが肝要ですね。

黒山 「事件屋」というのは、戦前から存在しており、弁護士法72条の前身である「法律事務取扱ノ取締ニ関スル法律」制定の際にも、事件屋側の抵抗はすさまじかったようです。この事件屋に取り込まれた弁護士の存在が目立ってきたのは、第一次サラ金問題が顕在化し債務整理事件が急増した昭和60年前後といわれています。餌食になったのは、主に高齢で仕事のなくなった弁護士でした。その後、バブル経済崩壊後の不況あたりから、サ

ラ金・クレジット債権で首が回らなくなった人を対象とする非弁提携弁護士が急増していきました。弁護士を操って実質的に法律事務所を運営しているのは、事件屋とか整理屋と呼ばれる人たちです。なかには、暴力団とつながっている者もいるようです。ターゲットとなるのは、高齢の弁護士だけではなく、業務停止の懲戒処分が明けた弁護士、仕事のない若手弁護士もいます。

◆ **非弁提携に陥る人たち**

藍田　非弁提携に陥る弁護士は、どのような人たちなのですか？

茶村　一言でいうと、収入の少ない人で我慢のできない人ということになります。収入が少ない弁護士は珍しいことでもないのですが、そこに整理屋や事件屋からの甘い誘いがあると我慢できずに乗ってしまうと、非弁提携弁護士になり下がります。

白丘　「貧すれば鈍する」というたとえがありますが、非弁提携弁護士はまさにこれです。ただ、非弁提携弁護士の中には、お人好しがいます。弁護士会の非弁取締委員会の委員に対し、「困っている人たちを助けているのです」と弁明するのですが、どう見ても、一緒に仕事をしている事務局長と称する男性は、普通の社会人には見えません。あるいは、自分をそう騙して納得しているのかもしれませんが。

黒山　船が難破して漂流しているとき、どんなに喉が渇いても海水を飲んではいけないのに、我慢できずに飲んでしまって絶命する人がいますが、それと同じです。ひたすら雨が降るのを待ち、雨水で渇きを癒やした人が生き残るのではないでしょうか。

藍田　非弁提携の魔の手から逃れるためには何に気をつけたらよいのでしょうか？

茶村　自制心、克己心を涵養することでしょうね。人間は誰でも弱いものです。経済的に困った状態に陥ると、ついつい自制心、克己心が弱まります。しかし、ここが我慢のしどころなのです。

白丘　一目ではわからないこともありますが、おいしい話には毒があると思う必要があります。楽してお金が儲かることは決してないと考えるべきです。

また、事件屋は、紳士然とした姿で現れ、ちょっと聞くと非常に響きのよいきれい事を並べるといいますから、「むやみに人を信ずるな」ということも肝に銘じておくべきだと思います。

黒山 酷ないい方ですが、事件屋に魂まで売って弁護士を続けるくらいなら、転身を考えるべきではないでしょうか。弁護士を続けるばかりが人生ではないと考えるのです。転身の決断は、プライドの高い弁護士には本当に困難を強いることですが、非弁提携弁護士になって事件屋にいいように使われ、顔つきも悪くなって、やがて懲戒処分を受けて事件屋にも見放され、社会の底辺まで転げ落ちることを考えれば、転身して新たな幸福を求めた方がましだと思います。

3 転落から立ち直るために

◆ 立ち直りの難しさ

藍田 先輩から、いったん転落すると再起するのは難しいといわれましたが、その原因について知っているところをお話しください。

黒山 除名の懲戒処分は、いわば弁護士の世界から追放する処分であり、その後に弁護士に復帰した例は私の知る限りたった1名だけです。退会命令は、所属弁護士会から追放するだけで弁護士の身分に影響はありませんが、そのような人を受けて入れてくれる弁護士会はまずありません。業務停止の懲戒処分は、弁護士の職務行為を禁止するものですが、現実には、受任中のすべての事件を辞任するほか、顧問もすべて辞任しなければなりません。事務所への立ち入りも、原則として認められません。戒告は、言い渡しだけで完結しますが、日弁連機関誌と官報で公告され、広く知れ渡ります。このように、懲戒処分は弁護士にとって致命的な打撃を与えるものであり、いったん懲戒処分を受けると立ち直りには相当の苦労が待ち受けているわけです。

茶村 戒告はともかく、業務停止の懲戒処分を受けると、何となく気恥ずかしさが先に立って孤立していく傾向があります。友人の弁護士も、気を遣って声をかけなくなり、孤立に拍車がかかっていきます。そうすると、自暴

自棄になり、再び非行を犯すという悪循環に陥るわけです。

白丘　業務停止の懲戒処分で失った優良な依頼層は、業務停止期間が明けて業務を再開してもまず帰ってきません。その弁護士と強力な人間関係で結ばれた依頼層は、業務停止でも離反しないことがあるでしょうが、その数は少ないのではないでしょうか。こうして、経済的に困窮するようになると、待ち構えていたように、事件屋が近づいていって甘いささやきを仕掛けるわけです。刑務所を出所した人が立ち直るにはさまざまな障害があるよう

Coffee Break ―昔の弁護士②

自宅併設事務所

　司法修習生になった昭和52年の秋、名古屋に赴任していた父親を訪ねた折、岐阜で実務修習中のAさんを訪ねた。ちょうど弁護修習中とのことで配属先の事務所に伺った。その事務所は、普通の木造一軒家に法律事務所を併設し、格子戸を厳かに開け、土間に靴を脱いで上がり框から畳敷きの事務所を拝見した。私は、「これが昔ながらの事務所なのか」と感心した。現在、都市部では、このような自宅併設事務所はほとんど見かけなくなった。職住分離の観点やプライバシー確保の観点から、自宅以外のビルの一室を賃借して事務所にする形態が普及したためである。

　また、昔は、司法試験合格者が500名前後であったため勤務弁護士がいる事務所は少数派であった。そして、勤務弁護士も、3年から5年前後の修行期間を経て独立していった。いま、東京の大規模事務所の弁護士数は数百名に達し、一等地の最新高層ビルに何千坪も賃借して時代の先端を行く法律事務を処理し、優良上場企業に比肩する売上げ高を誇っている。自宅併設の木造事務所を運営していた昔の弁護士がこれを見たら腰を抜かすであろう。「これが弁護士か？」といって。

（髙中　正彦）

◆ 転落弁護士の末路

藍田 転落していった弁護士の末路は、どのようになっているのでしょうか？

茶村 除名の懲戒処分を受けた元弁護士がある非弁提携事務所の事務長をしていたということがありましたね。羽振りのいいときには、高級外車で裁判所に乗り付け、銀座の高級クラブで豪遊していたのに、ヨレヨレの背広を着て、顔つきもすっかり悪くなっていたといいます。

白丘 長期の業務停止の懲戒処分を受けた弁護士ですが、事件屋の紹介による事件の処理で結構羽振りもよく、銀座のクラブの女性と同居を始め、妻とも離婚しましたが、やがてダーティーな裏社会の人になった弁護士もいます。

黒山 もっと大変なのは、詐欺とか横領で逮捕され、刑務所に入った弁護士です。また、非弁提携弁護士となった挙げ句に自殺した弁護士もいます。何のために司法試験に合格し、何のために弁護士になったのだろうかと思わざるを得ませんね。

◆ 転落弁護士の再起

藍田 転落した人が立ち直るためには、どうすることが必要なのでしょうか。

白丘 立ち直るのは、やはり本人の強い意志力でしょう。もちろん、それを支える周囲の人の後押しも必要だと思います。問題は、立ち直りを支援する周囲の人、具体的には家族、友人などが少ないことです。

茶村 信頼の置ける先輩や知人の事務所に身を置いて修練を積むことも考えられると思います。そういう転落した人を事務所に引き取って立ち直りを支援する弁護士がいますが、対外的な信用を気にする弁護士の習性を考えますと、立派だと思います。

黒山 繰り返しになりますが、弁護士を辞めてほかの道を探すことも考えるべきです。弁護士を続けることだけが人生ではないはずです。

Article 1
誰もがリスクを負っている

市川　充

1　どのような理由で懲戒になるのか

「懲戒処分を受けた人」といっても、ついうっかり控訴期限を徒過した人から、依頼者のお金を横領する人までさまざまであるから、一概にその傾向などをいいあてることはできない。ただ、どのような理由で懲戒処分を受けることが多いのかを分析することは意味のないことではない。

以前、過去3年分（平成23年から平成25年）の日弁連の機関紙『自由と正義』に掲載された弁護士の懲戒処分の傾向などを分析したことがある（拙稿『弁護士の失敗学　冷や汗が成功への鍵』「第5章　懲戒の統計から失敗を考える」ぎょうせい、2014）。それによると、懲戒処分の理由で最も多いのが事件放置であった。その次に、預かり金の領得、利益相反、弁護士報酬、説明義務違反、不当表現、不当処理、違法行為の助長という順で続く。

2　なぜ懲戒処分となったのか

(1)　監督する人がいない

会社など組織で仕事をする場合、必ず自分の職務を上司などに報告しなければならないが、弁護士の場合、勤務弁護士やチームで執務するケースなどを除けば、1人で職務を行うものであり、弁護士を監督する人がいない。弁護士は、自分で計画を立て、自分で進行を管理していかなければならない。サービスを提供する仕事の場合、会社でも弁護士でも顧客がいるから顧客に対する説明や報告をしなければ顧客からの満足（CS）を受けることができず、競争に負けることになる。ただ、弁護士の場合は、その専門性が高いことから裁量の幅が広く、顧客への説明や報告をしなくても問題ないと思っている弁護士も多いし、顧客の中には弁護士にすべて任せていることもある（後述のとおり、顧客への

報告をしなくても問題ないと思っている弁護士は完全に時代遅れで現在を生き残ることはできない)。

　弁護士は誰からも監督されることがないから、いやな事件処理は後回しにする。また、弁護士は忙しいときでも受任をすることが多いから、忙しいときはとりあえず目先のことをやっつけて、新件についてはいったん着手金をもらい、事件処理を後回しにしてしまう。このように事件をいったん寝かせてしまうと、着手する気にならなくなってしまう。あるいはどこから着手したらいいのか、忘れてしまうこともある。弁護士の事件放置の背景にはこのような事情があると思われる。事件を受任したら処理方針を立てるのが一般的である。だが、それだけで済ますのではなく、同時に処理計画を立てて書面化しておく。そして、処理計画のとおり事件処理が進んでいるか管理をしていく。その過程で依頼者にも説明、報告をする。このように弁護士が自己管理をしていくことが事件放置をしないために必要であろう。だらだらと事件を進行させ、事件処理の遅い裁判官に弁護士として接することがときどきあるが、それは事件管理ができていないからである(その背景には多数の事件を抱え過ぎているという事情もある)。弁護士にとってはよき反面教師である。

(2)　唯我独尊

　弁護士の数が少なく、弁護士の敷居が高い時代があった。この時代の弁護士の中には依頼者はすべてを弁護士に任せるべきであり、依頼者への細かな報告をする必要もなく、処理方針も依頼者ではなく弁護士が決めることができると考えていたものが少なくなった。いまではこのような弁護士は少なくなっているし、ここまで傲慢な弁護士はもういないだろう。しかし、顧客満足度などいうことを気にかけない弁護士はまだまだたくさんいる(顧客満足といっても、依頼者の言いなりになるのがいいというわけではない)。

　現代は、インターネットによる情報化社会である。依頼者の多くは弁護士に相談する前にインターネットを通じて自分の抱える問題について調べてくる。事件によっては弁護士以上に当該分野の法律に詳しい依頼者もいる。以前は、専門性が高い弁護士と依頼者との間には情報の格差があったといわれていたが、現代の情報化社会ではこれが妥当しないことが少なくない。また、依頼者

は弁護士に関する情報もたくさんもっている。以前のようになかなか弁護士にたどり着けない時代ではなく、依頼者の側が弁護士を選ぶ時代なのである。このような時代認識に欠けた弁護士が、依頼者に選ばれない弁護士になるのは当然である。

そして、このような時代に取り残された弁護士が気づいたときには以前のようには仕事がこなくなることに直面する。近時の預かり金の横領事件ではベテランの弁護士によるものが多いが、その背景にはこのような事情があると思われる。

(3) 病気とストレス

弁護士は、人の争いの中に入っていくことを生業とする。そこにはものすごい感情の渦が巻いている。相手方からの攻撃、わがままな依頼者からのプレッシャー、負けられないという焦り、次々に迫ってくる書面の提出期限、弁護士報酬をもらわないと事務所の経営が立ち行かなくなるという現実。弁護士はこういったストレスの中で毎日を過ごす。こういったものが重なるとそれにつぶされ、心がぽっきり折れてしまう。仕事が手につかなくなり、裁判所への書面が書けなくなる。依頼者に嘘の報告をする。金に困る。懲戒処分を受けた者の中にはこのような精神的な病気によるものが少なくない。

当然ながら、弁護士の仕事はやりがいもある。依頼者に喜んでもらえる。苦労した事件で勝訴判決をとったときの達成感。弁護士の仕事はいやなことばかりではない。しかし、いやなことが重なった場合、誰もがどうなるかわからない。いま自分が弁護士として仕事ができているのは、たまたま運がいいからに過ぎない。そのようなリスクを認識したうえで、仕事はやり過ぎない。週に一度は必ず仕事から離れる。睡眠が十分とれるように規則正しい生活を心がける。誰もが病気になるリスクと隣り合わせでいることを常に意識すべきである。

(4) はめられる

弁護士の資格はないのに、資格を利用して金儲けをしようとしている人たちがいる。債務整理事件などを大量に弁護士に紹介する非弁業者である。弁護士に一定額を与えて弁護士の事務所を乗っ取る業者も少なくない。最近はNPO

法人を名乗って「困った人を助けませんか」といって勧誘してきたり、広告業者として近づいてきたり、以前とは違う形態の業者も見られる。取り扱う事件も債務整理事件にとどまらず、さまざまな事件をもってくる。これらの業者は依頼事件が少なくなったと見られる高齢の弁護士、懲戒処分を受けたばかりの弁護士を狙って声をかけてくる。最近では、若手の弁護士にも声をかけてくると聞く。以前は、非弁提携といえば東京だけのものだったが、いまでは全国に広がっている。こうした業者に騙され、いったん心を許すと、ここから抜けるのは難しい。最終的には、非弁提携行為を理由に弁護士は懲戒処分を受けたり、多額の借金を負わされて破産に追い込まれたり（事務所を乗っ取られているので事務所の経理は業者任せである）、最終的には弁護士は廃業に追い込まれる。そして非弁業者は次のターゲットの弁護士に声をかける。

広告業者の例では、大量の広告を打つので依頼事件はたくさん来るようになるが、事件処理のためにたくさんの事務職員が必要になり、広告業者のあっせんで事務職員を雇う。仕事が増えて報酬もたくさん得るようになるが、数千万円（場合によっては億単位）の広告業者への支払のために、ほとんどの報酬を吐き出す。やがて自転車操業となり、最後には広告業者への支払のためだけに仕事をするようになる。はじめは、事件数が少なくなったところに広告業者の広告が目に入ったので始めたことなのに、気がついたときには抜けられなくなっている。実際にこのような例がある。

詐欺グループが弁護士を使うという例もある。土地の売買の交渉の席に弁護士を同席させて相手方を信用させて、金を騙し取るのである。はじめは弁護士も詐欺グループとはわからないのかもしれないが、このような席に数回同席すれば怪しいことには気づくはずである。しかし、弁護士はここから抜けられず、懲戒処分となった。

楽をしてお金をもらえるはずがないということを肝に銘じるべきである。

3　誰もがリスクを負っている

誰もが好きこのんで非行に陥るのではない。気づいたときには引き返せなくなっていたということも多いであろう。ただ、はじめの一歩でとどまることも

できたと思う。とはいえ、弁護士業務は楽しいことばかりではない。苦しいときにも、独りぼっちである。そのようなときに、果たしてとどまることができるのか。病気にならずに済むのか。弁護士誰もがリスクを負っているといって過言ではない。「自分は絶対に大丈夫」といったい何人の弁護士がいうことができるだろうか。

Article 2
非弁提携に墜ちる人

山中　尚邦

1　ある法律事務所の風景

　平成24年某月某日の午後4時30分、新橋駅から徒歩3分の裏通りに面した古いビルの1階入口に、非弁関係担当の副会長、非弁関連委員会の委員ほかのメンバーが時間通りに集合した。ビルの狭いエレベーターに全員で乗り込み、目的のオフィスのチャイムを押した。中から水商売風の男性職員が出てきた。その身なり、物腰や言葉遣いなどは普通の法律事務所職員とは明らかに違い、異業種からの転職と見受けられる。

　担当副会長が「A先生はいらっしゃいますか」と聞くと、その職員は「お待ちしてました。どうぞ」と答えた。通された部屋はA弁護士の執務室であった。70歳過ぎのA弁護士がソファに腰掛けていた。書籍や事件記録はほとんどない。オフィス内は高いパーテーションで区切られ、部屋の奥は見通せないが、5〜6人の職員がいる様子である。担当副会長が「A先生、市民窓口に先生への苦情が入りましてねぇ」と切り出し、訪問の趣旨を説明した後、担当委員のXが質問を始めた。

　X　「依頼者の○○さんのことですが、お会いになったことは？」
　A　「もちろん、ありますよ」
　X　「どのような話をされましたか？」
　A　「詳しいことはねぇ。何せ、広告を始めてから、件数が増えちゃって」
　X　「現在、先生の手持ち事件数はどのくらいありますか？」
　A　「……100件、いや140件くらいかな。ちょっと待ってくださいね。B君、いま、事件数は何件くらいあるんだね」

とパーテーション越しに声を張り上げた。しばらくして、先ほどの職員が現れA弁護士に耳打ちした。A弁護士は「わかった」といった後、こちらに向き直り、

いいにくそうにこういった。

A 「だいたいですけど、500件くらいですね」

X 「いま、依頼者からの預かり金はいくらありますか？」

A 「いますぐには……。預かり金の総額は集計しないとねぇ。後日、報告させてください」

X 「わかりました。事務所の預金口座は経費の口座と預かり金の口座は分けられていますか？」

A 「分けてあるはずです」

X 「預金の入出金の管理は、どなたがしていますか？」

A 「もちろん私ですよ。私が通帳も印鑑も持っています」

X 「預金通帳を拝見できますか？」

A 「どの預金通帳ですか？」

X 「全部です」

A 「全部？　ええ、いいですよ。B君、預金通帳を全部持ってきてくれ」

——A弁護士はすべての質問に答えようと協力的である。これから先ほどのB職員が預金通帳を持ってくるようだ。これから預金口座の入出金を個々に質問しよう。

2 「非弁提携」とはどういうものか

1の話は非弁提携弁護士の調査を想定したフィクションである。「非弁提携」の説明に一度は接したことがあろう。だが、現実に、非弁提携をしている弁護士の実態を見聞きした者は極めて少ない。

弁護士や弁護士法人でない者は法律事務やその周旋を業とすることなどが禁じられ、弁護士はこれらに違反する非弁護士と提携することなどが禁じられている（弁護士法72条〜74条、27条）。さらに、職務基本規程では、弁護士法72条から74条に違反しまたは違反すると疑うに相当の理由のある者からの依頼者の紹介やこれらの者を利用したり、名義を利用させる行為も禁じられている（11条）。

要するに、弁護士が、利益を目的としている弁護士でない者から、事件の周

旋を受けたり、自己の名義を使用させたりする行為が「非弁提携」であり、このような弁護士でない者は俗に「非弁業者」と呼ばれている。

この行為が弁護士会の懲戒処分の対象となることはもちろんであるが、弁護士法77条、77条の2は、刑事罰（2年以下懲役または罰金）を規定しているから、弁護士法違反の罪で有罪となれば、弁護士資格を失ってしまう。

非弁提携という病理現象は、古くから存在している。従来は、いわゆる「事件屋」が弁護士に依頼者を紹介しながら、その弁護士や依頼者から謝礼を受け取るようなことが典型例であったが、平成7年頃から、東京など大都市部では、非弁業者と提携して、大量の多重債務整理事件を受任する弁護士が多く生まれて社会問題化し、日弁連も「多重債務整理事件にかかる非弁提携行為の防止に関する規程」を制定するに至った。

一方、平成18年頃から、過払い金返還事件の多発と弁護士広告の自由化を背景に、新聞の折り込みチラシなどのチラシ、インターネット広告、弁護士検索サイト、弁護士お勧めサイトなどを活用して大量の過払い金返還事件を受任する弁護士が生まれてきている。

弁護士の業務広告が司法へのアクセス障害の解消に役立っていることは肯定すべきである。しかし、いろいろな広告を利用するときには、日弁連の「弁護士の業務広告に関する規程」に抵触しないように十分注意しなければならないし、さらに注意すべきは、NPO法人や広告会社などを名乗る非弁提携業者から、業務支援の申入れを受けて、非弁提携に手を染めてしまうことである。

広告業者から、ビルの一室を事務所に提供され、経験のある事務職員も紹介されて、事務所を開設した例もあるらしい。また、貸金業者から流出したとおぼしき顧客名簿を利用して、電話で勧誘するケースまであると聞く。過払い金返還事件のピークが過ぎた頃からは、ほかのいろいろな事件領域に受任範囲を拡張して、法律事務所の継続に努めているとも聞く。実際に、NPO法人を称する非弁提携業者から事件の紹介を受けて、非弁提携行為として有罪判決を受け、資格を喪失した弁護士の例も出ている。

そのような非弁提携事務所に特徴的なのは、法律事務所が資格のない非弁提携業者によって実質的に支配されているから、弁護士でない者が定型的に処理

しやすく、交渉でも解決できる事件類型を中心に受任し、一事件あたりの単価は高くなくとも、広告によって大量に受任することによって、利益を上げるところである。

3 「非弁提携」に陥る人

それでは、どういう弁護士が「非弁提携」に陥ってしまうのであろうか。

懲戒処分を受けて仕事が激減した弁護士、徐々に仕事が減少してしまったベテラン弁護士、独立後間がなく仕事を探し求めている若手弁護士は、非弁業者に狙われやすいと聞いたことがある。

> **Coffee Break** ─ 昔の弁護士③
>
>
>
> ### 法服と弁護士バッジ
>
> 　戦前の弁護士は、法服と帽子を着用して法廷に出頭した。法服の襟の部分には白糸で唐草模様の刺繍が施されていたが、判事は紫糸、検事は赤糸と決められ、地位を表す桐の刺繍も施されていた。弁護士になり立ての頃、法服を買うお金がなく、先輩に借用した人もいたと聞いている。戦後、弁護士と検事の法服は廃止され、判事と書記官のみに法服が残った。法服廃止の代わりに弁護士と検事は、記章（バッジ）を付けることとなり、弁護士は、ご存じの天秤を中央に配したひまわりであり、検事は秋霜烈日である。弁護士のバッジは、裏の刻印にあるように造幣局が製造する。権威のあるバッジにしたいとの意気込みが伝わってくる。
>
> 　ところが、最近は、日弁連発行の顔写真付身分証明書の便利さが受け、大きくて重いバッジを付けない弁護士が増えているように見受けられる。1つの流れと思うが、法服の代わりになる弁護士バッジの生い立ちを回顧するのもあながち無駄ではないであろう。
>
> （髙中　正彦）

気が弱いとか、おだてに乗りやすいといった性格的な要因とともに、収入が少ないという弱みに付け込まれてしまうのであろう。ファックスや電話で、「先生の顧客開拓をお手伝いします」と勧誘されたことがないだろうか。
　非弁提携の禁止は、国民の公正円滑な法律生活を保持し、法律秩序を維持・確立するという趣旨に基づき（最判昭和46・7・14民集25巻5号690頁）、弁護士に対する社会的信用を毀損する行為であるから、弁護士会の懲戒処分も業務停止以上の重い処分となるのが通常で、その前に、破産、行方不明といった悲劇で終わることもある。
　第三者との提携話に不安を感じたり、提携を始めてしまったときにはどうすればよいだろうか。
　まずは、研修所同期の友人や先輩弁護士に相談することである。もし、身近に相談相手がいないときは、弁護士会に相談してみよう。
　「聞くは一時の恥、聞かぬは一生の恥」といわれるが、資格喪失につながる重大な岐路に立っているのだから、見栄を張っている場合ではない。
　もっとも、根底には法律事務所の経済問題が存在する。昨今は、弁護士資格を取得すれば、人生安泰とはいえなくなりつつあり、弁護士の「キャリア・チェンジ」という言葉を聞いたこともある。弁護士各自が、慎重に人生設計を考えねばならない。

Article 3
蟻 地 獄

髙中　正彦

1　除名処分からの再登録

　弁護士法12条は、弁護士名簿への登録を日弁連に進達することを拒絶する場合として、「弁護士会の秩序若しくは信用を害するおそれのある者」と規定している。弁護士会の「秩序」を害する者とは、その者の過去および現在の言動などに照らし、弁護士会の指導監督に服することが期待できず、弁護士会の統制が攪乱されるおそれがある場合と説明され、要は、我があまりに強く、他人のいうことに一切耳を貸さない唯我独尊の極を行く者を指している。これに対し、弁護士会の「信用」を害するおそれのある者とは、過去に犯罪歴や非行歴、懲戒処分歴があり、その者を入会させることによって当該弁護士会とその会員弁護士全体に対する国民の信頼を損なうおそれがある場合を指す。この要件に関する判例は実に多く、また、弁護士会でもしばしば資格審査会の審議対象となっている。
　それでは、過去に懲戒処分歴がある者の弁護士名簿登録申請については、どのような事項が審査されるのか。
　一般的には、当該懲戒対象の非行の内容、非行からの時間的経過、本人の反省悔悟の程度、これまでの謹慎の内容と期間、当該非行が与えた社会的影響の大きさと鎮静化の有無・程度、今後の指導監督体制の整備状況などが総合判断されることになるが、日弁連が発行する『弁護士資格・懲戒事件議決例集』を検索したところ、除名の懲戒処分を受けた弁護士が再登録できたのは、わずか1件である。その事例では、除名の懲戒処分から21年という時間が経過していた。つまり、いったん除名処分を受ければ、弁護士として再起するには気が遠くなるような時間の経過が必要なのである。ちなみに、刑事事件を起こして有罪判決を受けた人で弁護士の再登録が認められた例を見ると、犯罪行為から

10年以内のものもあるが、全体的にはかなりの年月の経過がないと認められていない。

　弁護士法7条3号は、除名の懲戒処分を受けた者は処分を受けた日から3年間弁護士資格を失うと規定しているが、現実には、3年を経過すれば直ちに弁護士登録ができるわけではない。上記の議決例が絶対的であって、20年以上が経過しなければ再登録ができないというわけでもないが、数年が経過した程度では弁護士に復帰することはまず難しいのである。

2　業務停止処分のリセット効果

　業務停止の懲戒処分は、2年以内となっている。犯罪による刑期と比較すると、短いように感じる人がいるかもしれないが、実態はそうではない。業務停止の懲戒処分の場合、日弁連が定めた「被懲戒弁護士の業務停止期間中における業務規制等について弁護士会及び日本弁護士連合会の採るべき措置に関する基準」に従って、全国一律の運用がなされているが、その中に、すべての受任事件について委任契約を解除すること、顧問契約も直ちに解除すべきことがある。すなわち、受任事件と顧問先を全部リセットする義務である。

　これは、弁護士生命を奪うに等しいといってよい。上記の基準が制定されていない頃は、たとえば、業務停止3か月の懲戒処分を受けても、依頼者には長期の海外研修に行っているなどとごまかすことができたが、いまでは、そんなことは許されない。たとえ数か月間であっても、一度弁護士の方から懲戒処分を理由として委任契約の解除をしたり顧問契約の解除をしたりすれば、上場企業をはじめとする優良な顧客はまず戻ってこない。戻ってくる顧客もいないわけではないが、昔からの強固な人間関係で結ばれた顧客を除けば、いわゆるスジの悪い顧客がほとんどではないだろうか。懲戒処分を繰り返して受けることになれば、強い人間関係で結ばれた顧客にも見放され、スジ悪の顧客だけが残ることになろう。そこから先は語るまでもないだろう。

　聞いた話であるが、事件屋は、弁護士の懲戒情報を実によく把握しており、業務停止の懲戒処分を受けた弁護士に対し、停止期間が明ける前後を狙って「先生のお力をお借りして、法律問題で困っている方々の人権を救済したいと考え

ています。事務所の場所とスタッフは、当方ですべて準備させていただきますので、先生にはほとんどご面倒をおかけいたしません。些少ですが、先生には、月額50万円を保証させていただきます」などと記載した手紙が舞い込むとのことである。業務停止明けで途方に暮れた弁護士にとって、この悪魔のささやきは、砂漠のオアシスのように、実に魅惑的に響くことであろう。

　業務停止の懲戒処分から立ち直るのにも、相応の苦労が待ち受けているのである。

3　戒告処分の本当の重さ

　戒告処分は、非行を戒めて反省することを求めるものであり、最も軽い懲戒処分である。日弁連が発行する『弁護士白書2015年版』181頁によれば、2014（平成26）年1年間の全懲戒処分101件のうち55件が戒告処分である。その手続の実際は、弁護士会館において会長または担当副会長が懲戒書を目の前で読み上げるのをただ聞くだけで終わりであり、一見するとダメージはほとんどないように思われる。ところが、戒告処分の本当の重さは、別のところにある。それは、日弁連の機関誌『自由と正義』の懲戒処分公告欄に理由の要旨（事案の概要）を付して名前が掲示されることである。『自由と正義』は、すべての弁護士、すべての裁判所・検察庁のほか、全国の大学の法学部・法科大学院、隣接士業団体などにも送付されており、その購読者全員に非行の全容が知れ渡るのである。

　私は、縁あって弁護士会の倫理研修の講師をそこそこ務めているが、「『自由と正義』は、後ろから開ける人がほとんどです」というと、会場から大きな笑いが起こる。つまり、大半の弁護士は、『自由と正義』が届くと真っ先に懲戒処分公告欄のページを繰っているのである。そして、私は、倫理研修の会場では「絶対に『自由と正義』の人気コーナーに載ってはいけません」と締めくくって笑いをとるのであるが、残念ながら、懲戒処分はなくならないのである。

　戒告だから弁護士としての再起にとって何の痛痒も感じないものであろうと考えてはならない。

4 懲戒処分を受けないために

　以上のように見てくると、懲戒処分から立ち直るには想像を絶する苦労があることが明らかであり、それは蟻地獄からはい上がることにたとえることができる。したがって、幸せな弁護士人生を全うするためにはこの蟻地獄に落ちることを何としても阻止しなければならないことになる。ところが、懲戒処分は、前述した『自由と正義』の懲戒処分公告欄を見ると、誰もが同じ過ちを犯しそうな案件が実に多いのである。もちろん、預かり金の横領、事件の放置、会費滞納などは誰にでも起きることではないが、たとえば、利益相反行為になることを知らずに職務を行った行為、依頼者のためを考えて事件の相手方に強引な示談交渉をした行為、紹介者に対して事件の処理状況を報告し、依頼者本人に対する直接報告を怠った行為などは、絶対に自分には関係ないと断言することができない。利益相反行為に対する勉強を怠ったり、事件の相手方に対する配慮を欠いたことは猛省すべきことであるが、自分は絶対にそんな愚かな間違いはしないと高をくくる自信は私にはない。

　「懲戒はあなたのすぐ身近に潜んでいる」といっては大げさであろうか。

❀ 執筆者紹介 ❀

髙中　正彦（たかなか・まさひこ）
1951（昭和26）年8月　　千葉県生まれ
1974（昭和49）年3月　　早稲田大学法学部卒業
1979（昭和54）年4月　　弁護士登録
髙中法律事務所・東京弁護士会所属

山下　善久（やました・よしひさ）
1950（昭和25）年6月　　高知県生まれ
1974（昭和49）年3月　　明治大学法学部卒業
1979（昭和54）年4月　　弁護士登録
山下法律事務所・東京弁護士会所属

太田　秀哉（おおた・ひでや）
1954（昭和29）年6月　　北海道生まれ
1980（昭和55）年3月　　一橋大学法学部卒業
1982（昭和57）年4月　　弁護士登録
太田・佐藤法律事務所・東京弁護士会所属

山中　尚邦（やまなか・なおくに）
1955（昭和30）年2月　　北海道生まれ
1977（昭和52）年3月　　中央大学法学部卒業
1986（昭和61）年4月　　弁護士登録
山中法律事務所・東京弁護士会所属

山田　正記（やまだ・まさき）
1952（昭和27）年10月　　茨城県生まれ
1976（昭和51）年3月　　東京大学文学部卒業
1987（昭和62）年4月　　弁護士登録
CLS日比谷東京法律事務所・東京弁護士会所属

市川　充（いちかわ・みつる）
1960（昭和35）年4月　　埼玉県生まれ
1985（昭和60）年3月　　東京大学法学部卒業
1995（平成7）年4月　　弁護士登録
リソルテ総合法律事務所・東京弁護士会所属

弁護士の経験学
事件処理・事務所運営・人生設計の実践知

平成28年12月10日　第1刷発行
平成29年 2月10日　第2刷発行

編　著　髙中正彦・山下善久・太田秀哉・
　　　　山中尚邦・山田正記・市川　充

発　行　株式会社ぎょうせい

〒136-8575　東京都江東区新木場1-18-11
　　　　　　　電話　編集　03-6892-6508
　　　　　　　　　　営業　03-6892-6666
　　　　　　　　　フリーコール　0120-953-431

URL：https://gyosei.jp

〈検印省略〉

印刷　ぎょうせいデジタル㈱　　　©2016 Printed in Japan
※乱丁・落丁本はお取り替えいたします。

ISBN978-4-324-10152-0
(5108252-00-000)
〔略号：弁護士経験学〕